浜松
Hamamatsu

和の名店

地元と美味しいものを愛する
大人のための和食バイブル

こだわりの上等な和食

浜松 和の名店
こだわりの上等な和食

掲載店エリアMAP

この地図は本書掲載店の、おおよその所在地を示したものです。お店を選ぶ際、お出かけになる時などの目安としてお役立てください。各店の詳細な所在地につきましては、それぞれの掲載ページにあるコマ地図をご覧ください。

※地図を見やすくするため、店名の表記を一部省略しています。ご了承ください。

浜名湖周辺
湖西高
わしづ
湖西市役所
本興寺
富泉（P120）
鷲津中
豊田佐吉記念館
東海道本線
301
浜名部品工業
東海道新幹線
鳥居中
あらいまち
海賀荘（P042）
浜名養護学校
浜名
1
べんてんじま
浜松いなさ北IC
浜松いなさJC
浜松いなさIC
前嶋屋（P022）
新東名高速道路
奥山
竜ヶ岩洞
引佐町花平
257
引佐町栃窪
県立森林公園
浜松SAスマートIC
みやこた
フルーツパーク
天竜浜名湖鉄道
フルーツパーク
浜松ホトニクス
みやぐち
362
勘四郎（P028）
ローランド
都田町
都田総合公園
都田テクノパーク
浜松大
農業経営高
浜松西高
浜北市
白昭
浜松ホトニクス
野の香（P112）
浜北市役所
三幸町
根洗町
三方原中
三方原町
えんしゅうこまつ
赤松坂
浜松工高
磯で楽（P094）
浜松医大
大島町西
中郡中
有玉北町
初生町
有玉台
浜松駅周辺拡大MAP
浜松市役所
K-MIX
浜松総合庁舎
ガスト
さくら（P084）
貴田乃瀬（P024）
りそな銀行
晴々（P092）
浜松信金
柚露（P014）
おばんざい季遊（P050）
いっ木（P056）
大内（P034）
静岡銀行
佐々屋長兵衛（P044）
さざんか（P074）
アクトシティ浜松
ザザシティ浜松
あつみ（P016）
鳥徳（P072）
ふく亭（P058）
JR浜松駅
つちや（P090）
スルガ銀行
和地市民サービスセンター
西丘町
五十八（P118）
257
浜松西IC
東名高速道路
三方原PA
さぎのみや
奈加島（P020）
ホンダエクスプレス
本田技研工業浜松
航空自衛隊浜松基地
濱（P064）
四ツ池公園陸上競技場
泉
152
えんしゅうかみじま
天王町
遠州鉄道
西山病院
オートレース場
三須（P088）
太一（P068）
原島
浜松湖東高
玄炊庵（P106）
さわだ（P060）
257
古人見町
富塚西小
静岡工学部
八方（P008）
とんひろ（P018）
浜松赤十字病院
富塚町
しんはま（P048）
川☒（P080）
三幸の園
佐鳴湖公園
浜松学院大
152
県西部浜松医療センター
はちまん
東海道本線
技術工業団地
佐鳴湖
佐鳴湖病院
えの本（P012）
浜松城
静岡文化芸術大
千鳥寿司（P062）
桑はら（P046）
青葉（P066）
浜松市役所
（P108）
西鴨江町
佐鳴台
浜松西中・高
おおもり（P100）
三和町
うのいち（P054）
きむらや（P110）
はままつ
JR東海浜松工場
1
JA
えびいち（P030）
スズキ
森田町
三島町
たかつか
257
県居小
150
まいさか
東海道新幹線
篠原町
たか鮨（P052）
新橋町
浜松南病院

本書の使い方

How to use

写真
実際にお店で料理を食べ、料理や店内などを撮りおろした写真です。写真の傍に説明が入れられなかったものに関しては、写真についている番号とリンクさせて内容を説明しています。

本文
実際にお店で食べて取材した内容を記載しています。季節によって料理の内容が変わる場合があります。

店名
取材に協力していただいたお店の正式名称を入れています。

アクセスMAP
お店へ行くまでの地図を入れています。近道や目印のみを簡略化してあります。

ショップDATA
店名、住所、電話番号、定休日、駐車場、URLなどを記載しています。またお店の詳しい情報として、座席数、予約の有無、クレジットカードが使えるかなどがここで分かります。

おすすめMenu
おすすめメニューや、おすすめのお酒などを記載しています。料理名の表記は基本的にお店での書き方に合わせています。

目的別のページ検索...
巻頭の「目次」ではジャンル別に、「エリアMAP」ではおおまかな位置を表し、店名とページ数を表示しています。また巻末にあるINDEXページで、「50音順」「エリア別」でお店を逆引き検索できます。INDEXでも店名表記では店名の前に付く「レストラン」「割烹」「西欧料理」といった言葉は省いています。

本書に記載してある情報は、すべて2014年12月現在のものです。
お店の移転、休業、閉店、またメニューや、営業時間、定休日など情報に変更がある場合もありますので、
事前にお店へご確認の上、お出かけ下さい。

グルメライター おすすめの必食店

仕事でもプライベートでも、数多くのお店を訪れるグルメライターが特に推薦する行きつけの店を紹介します。

日本料理の真髄を伝える
由緒正しき京懐石で心澄む時

懐石 八《はっ》方《ぼう》

浜松市東区上新屋町228-8　053-465-5010
昼11:30～14:00 夜17:30～22:00
休不定休　P5台

初春を祝う白味噌の煮物椀は、小カブと鴨肉のつみれに結び三つ葉を添えて。地元浜松で採れる走りの新タケノコの食感も美味

例えば30代を迎えて「そろそろ懐石のイロハから」と思う時、迷わず「八方」を訪れるといいだろう。親方の寺田欣司さんは、祇園でも

1 山口県萩市で獲れる旨みたっぷりのサワラを用いた「さわらの杉板焼き」。杉が余計な脂を吸い、魚の独特な香りをやわらげる　2「ほう葉味噌焼き」の包みを開ければ「静岡そだち」のヒレ肉が顔を覗かせる。味噌に卵黄と砂糖を合わせたコクのあるタレも印象深い

4

5

3

※料理は全て12,000円のコースより

3目も喜ばせるお重の八寸。車海老のうま煮、編み笠柚子、丹波の黒豆、くわい、のし梅、松風焼きなど、慶春にふさわしい品々
4春の芽吹きを思わせる白緑の器に盛られた「たらの雲子豆腐」。滑らかな舌触りは、酒蒸しした白子を一度裏ごししてから寄せているから　5侘び、寂びの世界に浸る数寄屋の客室は、書院造の名残を見せる本格日本間でありつつも、足腰が楽な掘りこみ式のおもてなしがうれしい

一目置かれる「八寸」の親方に師事した後、京都三大旅館の一つ「炭屋旅館」で煮方として活躍。その身に染み込ませた京懐石の流儀と技量で、日本料理入門者から円熟した食通まで楽しい時間を過ごさせてくれる。

京の味の代表でもある白味噌一つとっても、彼の地で修業した職人でなければ本来の味は出せない。京都の名だたる店が用いる古い味噌屋から取り寄せ、煮物椀に用いるのは白のこし味噌。二番出汁で煮立たせて灰汁を除き、遠州人にも飲みやすいようにとさらっと仕立てる。朱塗りの椀を口に運ぶたび、何度「おいしい」と嘆息が漏れることか。また、質の高い滋賀県から取り寄せたすっぽんを上品な鍋にして、日本料理の楽しみを自在に広げてくれる立役者でもある。

おすすめメニュー

・月替わりのおまかせコース　8000円～
・冷酒 月替わり　1500円～

【予算の目安】一人あたり　ランチ6000円～／ディナー8000円～
【座席】個室6（各4～10名）
【喫煙】全席禁煙　【カード利用】可
【予約】完全予約制
【アクセス】遠州鉄道・曳馬駅より車で5分

HP http://www.wr-salt.com/happo/

葛城 北《きた》の丸《まる》

袋井市宇刈2505-2　☎0538-48-6111（代）、フリーダイヤル0120-211-489
🕘昼11:30〜最終入場13:00 夜17:30〜最終入場19:00
休月により異なるので詳しくは問い合わせを　P63台、バス2台

荘厳な世界でいただく贅を尽くした料理に舌鼓

「一度行ってみたい」、「もし最期の晩餐ならここと決めている」など、憧れの場所としてイメージを抱いている人も少なくない「葛城　北の丸」。敷地面積はなんと4万坪！　今にも鎧を着たサムライが出てきそうな重厚感ある門をくぐり抜け、本殿に到着するとそこに広がるのは絵画のような日本庭園と絢爛華麗な世界。そんな非日常の中でいただく料理はこれまた感動の連続で、今日という日をスペシャルな一日にしてくれる。

「お造り盛り合わせ」は、器から飛び出るような豪華な伊勢海老の盛り付けにも驚くが、プリプリの食感と口の中で広がる甘みに感極まる。黒毛和牛の上質な脂身がすっととろける炙り焼きは、瞳を閉じて言葉を発せなくなるほど。桜の時期がベストシーズンだが、静寂で凛とした冬の風情も趣きがありそれぞれの季節を目と舌で愛でられる。

伊勢海老、クエ、ブリのお刺身盛り合わせ。首都圏から訪れる人も多いため、できる限り地元で水揚げされたものを使う

3

1極上の静岡そだちは柔らかくとろける食感。香草ワサビとの相性も抜群　2北の丸オリジナル漆器でいただく前菜。ふぐの皮の煮こごりの輝く色とプニッとした食感がたまらない　3天井の梁は築100年を超える古民家から移築したもの。本物が醸し出す迫力はすごい!　4「ラ・フランスのコンポート」シロップには白ワインを、ゼリーには赤ワインを使った大人の味　5北の丸オリジナルのお酒。和モダン料理に合う、飲みやすい口当たり

※料理内容は季節により変動あり

1

5

4

2

おすすめメニュー

・四季彩昼膳（昼食のみ）
5400円
・匠コース　12960円
・料理長おすすめめコース
16200円
・北の丸大吟醸　2合　4968円
・北の丸ハウス焼酎
由布岳 ボトル 7452円

【予算の目安】一人あたり　ランチ6000円～／ディナー15000円～
【座席】テーブル96席、個室6室（6～70名）
【喫煙】全席禁煙※個室（有料）での喫煙は可
【カード利用】可　【予約】要予約
【アクセス】新東名・森掛川ICより車で5分
【備考】ランチは基本的に土日祝のみ

HP http://www.katsuragi-kitanomaru.net/

えの本《もと》

浜松市中区蜆塚4-8-8　☎053-457-1020
🕔17:30〜22:00(LO21:00)
休月･火曜　P7台

食材の声に耳を傾け 和の味わいを忠実に伝承

暖簾越しにのぞく水槽には旬の活魚が姿を見せる。冷凍ものは一切使わず、水槽での活かし方を知るというだけで、いかに魚に精通しているか分かるというもの。店を開けるのは夕刻だが、親方の榎本進さんと女将さんは毎日朝から仕込みに掛かる。魚も野菜も自分の目で確かめたものしか扱わないと決め、秋には毎年信州に出向いて採れたての松茸を買い付けるのが楽しみと笑う。

料亭で長年腕を磨いた後に店を構えた親方は、まさに日本料理を忠実に伝承する人。食材が持つ底力をまっすぐに伝え、楽しませてくれる。刺身にできる海老や活魚を惜しげもなく天ぷらにして盛った「天丼」は、時間が経ってもさっくりとした食感がそのまま。車海老を塩焼きする際の踊り串といった熟達の技もさりげなく施し、伝統の味わいと美しさで幅広い世代を魅了している。

秋から冬にかけての名物「ゆり根まんじゅう」1,300円。本葛のあんかけをまとったサクサク仕立ての中には京都の桜味噌が忍ばせてある

3

2

1

1口数こそ多くないご主人だが、行き届いた気遣いに居心地がいいカウンター席　2赤ちゃん連れもくつろげる掘座敷は、二間続きにして宴席にも対応　3注文を受けてから作る「きんめの煮付け」2,000円前後は、魚の旨みを生かしつつ少し甘めの味付けにファンが多い　4店の代名詞とも言える「天丼」1,500円。新鮮な車海老2尾、ハゼ、スミイカなどに野菜も添えられ盛り沢山。ぎんなんは炒りたて!　5 10月頃のほんの一時期だけ登場する浜名湖産の「くま海老と活き海老の塩焼き」1,400円前後。爽やかな甘みとぷりぷり感はやみつきに

5

4

おすすめメニュー

・刺身盛り合わせ（2人前～）
3000円～
・赤むつの煮付け　1800円～
・天ぷらの盛り合わせ
1300円～
・磯自慢（大吟醸）1合 1600円
・六舟（吟醸）　1合 800円
・初亀（大吟醸）1600円

【予算の目安】一人あたり　ディナー5000円～
【座席】カウンター7席、個室2（2～20名）
【喫煙】一部喫煙可　【カード利用】不可
【予約】ある方がベター
【アクセス】遠鉄バス・蜆塚坂上より徒歩2分
【備考】
昼は予約のみ6名～コース5000円より

HPなし

柚《ゆう》露《ろ》

浜松市中区板屋町101-2　☎053-456-1003
🕘昼12:00～(1日10食限定4,000円～、完全予約制)
夜17:00～22:00(LO21:00)、金土祝前日～23:00(LO22:00)
休不定休　Pなし

それは究極の調和「くずし」という美学

黒塗りの格子の扉の向こう側、今宵も展開されるのは歳時記の物語。店主の伊藤潤二郎さんは巡る季節を料理に託し、訪れる人から何度でも感嘆を引き出す。心掛けるのは引き算の料理。仕事はするが、やり過ぎない。そして敬愛する日本料理の基本を踏まえたうえで、豊かに遊び、高みを切り拓く。それが伊藤さんの「くずし割烹」という美学だ。

料理界ではまだまだ若い世代だが、素材選びには頑固といえる。それは祖父母が農業を営み、幼い頃から無農薬で味も香りも濃い野菜を口にしてきたから。余計な味付けが必要のない自家菜園の無農薬野菜、都田川の源流から汲み上げる水、そんな自然の恵みを店でも用いる。地元の食材はもとより、洋の食材、洋の技法も、和の世界に融合する。伊藤さんが描く「究極の調和という美味」への招待状、ぜひ受け取ってみてほしい。

秋風に吹かれて集まってきたような「秋の吹き寄せ　八寸」。子持ち鮎の鞍馬煮、むかごの松風焼、里芋アボカド味噌田楽、フカヒレの茶碗蒸し、かりんと菊、黒魚の西京焼、柿玉子、天使の海老菊花寿司、大黒しめじこのこ和えなど、満載

※料理は全て10,000円以上のコースより

4

3

2

1

1燻しの香りが郷愁を誘う「蒸しはまぐり　銀杏と栗のスモークミクスチャーがけ」。秋霞のような白いあんは、はまぐりの出汁がほのかに香る　2ごまだれに浸したカマスの幽庵焼きに次郎柿の柿酢ピューレを添えた「かます杉板利休焼き」。地元の秋が味わえる人気の品　3店の顔ともいえる「土鍋柚子バターご飯」2人前1,000円（11月中旬～3月）。合鴨農法の米、無農薬柚子、清流の水…純な香りを食す幸せ　4栗の甘露煮を裏ごししてアールグレイと合わせた「ミルクティ仕立ての栗羊羹」はロイヤルミルクティーを思わせる甘味　5「自家産椎茸の天ぷらと海老芋の海老揚げ」は、実家で栽培する肉厚椎茸の豊潤な香りがスゴイ。姿は素朴、だが中身は華麗　6現代美と伝統美の調和した空間。料理の器や装飾品は、時代を超えた骨董品が大切なもてなしの一つとして使われている

6

5

おすすめメニュー

- ・極みの懐石　10000～20000円
- ・小懐石　4000円
- ・おまかせ懐石　5000～8000円
- ・磯自慢　1500円～
- ・黒龍　各900円～
- ・京都丹波ワイン　3000円～

【予算の目安】一人あたり　ディナー6000円～
【座席】カウンター9席、テーブル30席
完全個室2（4～6名）
パーテーション個室2～20名
【喫煙】一部喫煙可　【カード利用】可
【予約】基本的に予約制
【アクセス】JR浜松駅より徒歩10分

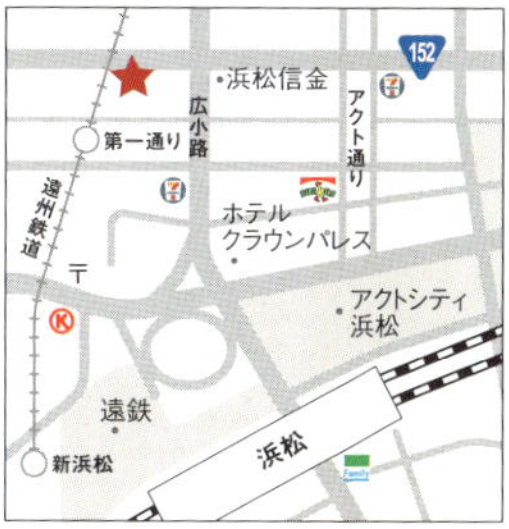

HP http://www.evergreen-yuro.com

うなぎ料理 あつみ

浜松市中区千歳町70　☎053-455-1460
営 昼11:30～LO13:40 夜17:15～LO19:30
※共にウナギがなくなり次第終了　休 水曜（連休あり）　P なし

鰻を極めて百余年
5代目職人が継ぐ静かな情熱

❶甘酢大根、白菜、水菜の三種を丁寧に自家漬けした「特製漬物盛り合わせ」500円。ほのかな香り、わずかな甘み、繊細な浅漬け　❷通りに面した間口は大きくないが、奥には大広間が控える　❸「うな重」3,850円（肝吸いは+50円）。背開きにして蒸し、きりっとした味に仕立てた蒲焼きを相性がいい銘柄のご飯と共に頬張って

5 4

4 いい鰻、優れた技が成す「白焼き」2,300円。生わさび、しょうが、白ねぎの3種を一緒に醤油と混ぜて付けると香ばしさと清涼感が高まる 5 くせを感じさせずフレッシュな苦みが上品な「きも焼き」750円。人気の品で数に限りがあるので早めにどうぞ

うな重が運ばれてきたら、まず椀に手を伸ばし肝吸いを一口。淡い出汁の香りと共に味わう澄んだ肝の旨さに毎度笑みがこぼれる。先代と変わらない、いや、より洗練された印象さえ感じる。「浜松の味」として堂々と誇れる鰻料理の専門店だ。

明治40年頃、浜名湖で漁師をしていた初代が天然鰻を蒲焼きにしたのが始まり。それから百余年を経て、現在5代目の渥美悟さんが後を継ぐ。鰻は浜名湖産を中心に、国内産のみ。四季がある日本の鰻を個体ごとに特徴を生かせるのは、熟達した鰻職人の知恵と技量があるからだ。下処理、包丁仕事、蒸し、焼き、気が遠くなるほどの手間を惜しまない。そこまで見えない仕事をするのかと感心してしまう。なのに、「味わう邪魔になってはいけませんから」と多くを語らない奥ゆかしさが潔く映る。だから無心に味わい、感じる楽しみを享受してほしい。

おすすめメニュー

- ・うな丼　3000円～
- ・上重　4550円
- ・白焼重　3950円
- ・花の舞
  超辛口純米酒　650円～
- ・花の舞
  本醸造生貯蔵　650円～

【予算の目安】
一人あたり　ランチ・ディナー3000円～
【座席】テーブル11席、座敷24席
【喫煙】全席禁煙　【カード利用】不可
【予約】平日のみ2名以上で可
【アクセス】JR浜松駅より徒歩7～8分

HP http://unagi-atsumi.com/

とんひろ

浜松市東区上新屋町231-5　☎053-464-7845
営 昼11:30〜14:00 夜18:00〜22:30(平日)、17:30〜20:30(土日祝)
休火・水曜　P20台

ジューシーすぎて思わず唸る ハイクラスな極上カツ丼

緑青をおびた銅製の屋号に、ガス灯を思わせるランプ。趣きあるエントランスの扉を開ければ、そこはまるで朝ドラの舞台のようなクラシカルな明治浪漫の世界が広がる。よく見ると調度品はアンティークで統一されていたりと随所に空間への心配りが垣間見られる。

そんな心地いい雰囲気の中で、ぜひ食べておきたいのが「カツ丼」。丁寧にスジを取り特殊な方法で熟成させた上ロースのカツ丼は、極厚ながらふわっと柔らかく、甘くジューシーな肉汁に今までのカツ丼は何だったのだろうと思わずにいられなくなる。また、とんひろの実力は肉だけでなく、サラダからもひしひしと感じられる。定食に添えられるポテトサラダは毎朝マヨネーズから手作りするというこだわりで、ほっこりとしたジャガイモの味に舌が癒やされるのがわかるはず。満足度が高い一軒だ。

肉がもっともおいしいタイミングになるように熟成されているため、肉の旨みがすごい「上ロースのカツ丼」1,890円。こればかり頼む人もいるほど

アスパラと肉の間には海苔が巻いてあり、色彩的にも美しく見える効果が。
視覚までも楽しませる演出が素敵

1とんかつ専門店ながらレトロな洋食店のような造り。格子戸は高山の古民家から手に入れたものだとか　2断面からはあふれんばかりの肉汁が。こんなクオリティの高い肉を使って作るカツ丼が、おいしくないはずがない　3店主の手塚裕久さん曰く、「おいしさの秘訣は下ごしらえに手を抜かないことかもしれません」　4衣は薄く、肉の旨みが存分に味わえるヒレかつ定食。見た目以上にあっさりといただける　5しっとりとした風情に時間の流れがゆっくり感じる

おすすめメニュー

- とんかつ定食A　1840円
- かつ丼(上ロース)1890円
- ひれ肉のアスパラ巻定食　2160円
- ビール　540円
- グラスワイン　540円
- 日本酒　490円

【予算の目安】一人あたり　ランチ1300円～／ディナー2500円～
【座席】テーブル32席
【喫煙】全席禁煙　【カード利用】不可
【予約】不要
【アクセス】JR浜松駅より15分

HPなし

ライブ感あるカウンターから提供される旬素材の和食

四季の創作和食 奈《な》加《か》島《じま》

浜松市東区有玉南1363-1　☎053-545-4466
営土・日昼11:30～14:00夜17:30～22:30
休月曜、第3日曜　P11台

2014年に小豆餅から移転オープンした真新しい和食店。ジャパニーズモダンの外観が格式高い印象を抱かせるが、店主・河合寿樹

1 3,780円～コースの中の八寸。内容は日替わり。写真は出汁巻き玉子、トコブシの煮付け、自家製子持ち昆布の醤油漬け、モロキュウ、オクラの煮浸し　2 3 右は店主・河合寿樹さんとの会話を楽しみながら、仕事ぶりも眺められるカウンター席。移転前からの常連も足しげく通う。リニューアルを機に女性客が増え、サラダ系のメニューが強化されたので、来店の際には注目を

4「本日のかき揚げ」1,080円。この日は白魚と三つ葉のかき揚げが登場　5「温野菜のオリーブオイル和え」1,080円。来店時には必ず食べてほしい、リピーター続出の人気メニュー。ニンニクの風味が程よく溶け込んだソースと、旨みが濃厚な自家菜園野菜の相性が抜群

「お刺身盛り合わせ」1,400円～。店主の修業時代から付き合いのある魚屋から仕入れた、旬の鮮魚が盛りだくさん。千切りの大根は手切りのため、歯応えが絶妙

さんの「お客様が一番食べたい物を常に察して料理を提供する」という思いと、単品料理＋お酒で気軽に和食を楽しめるスタイルは健在だ。厳選した旬の食材をベストな状態で味わえるよう調理してもてなす、季節を感じる和食が自慢で、主力のメニューは黒板に書かれた「本日のおすすめ」。魚の種類ごとに干す時間を調節する「一夜干し」や「天日干し」といった鮮魚メニューや、自家菜園で採れた新鮮な野菜を、魚介系の出汁が凝縮した濃厚なオリーブオイルソースにくぐらせた「温野菜のオリーブ和え」など、魚介と野菜の料理が中心。

7種類ある土日限定のランチも好評。特に「特別ランチ」1620円は、豚テキに和牛たたき、刺身盛りなど、2種類を一度に味わえて満足感が高い。

おすすめメニュー

- アボカドサラダ　1080円
- 和牛のヒレステーキ　2700円
- レンコンの挟み揚げ　1058円
- 磯自慢（日本酒）
  1合1080円
- 富乃宝山（日本酒）
  1合648円～
- 赤霧島（焼酎）
  ボトル4320円

【予算の目安】一人あたり　ランチ1200円／ディナー5400円～
【座席】カウンター8席、テーブル20席
座敷30席、個室3室（6名～）
【喫煙】1階禁煙、2階喫煙可
【カード利用】可　【予約】ある方がベター
【アクセス】JR浜松駅より車で10分
【備考】ランチも予約が確実

HP http://aji-nakajima.com/

まんぼう峠 前《まえ》嶋《しま》屋《や》

浜松市北区引佐町東黒田649-17 ☎053-544-0735
⏰9:30〜18:00（食事は木〜日曜のみ11:30〜14:00）
休月・火曜（祝日不定休） P13台

受け継いだ郷土料理、家庭料理の味をそのままに

べんがら色の朱色壁と黒い格子戸が印象的な純和風の建物。ここは地元産はもちろん、実際に食べてみておいしいと実感した食品を全国から取り寄せている自然食料品店だ。奥には知る人ぞ知る食事処が併設されている。お昼のみ、食事は「昼御膳」一種類だけだが、上品で温かみのある味わいの田舎料理がおいしいと口コミで人気が広がっている。

仕出し店をやっていたお姑さんから料理を一から習った店主が、お店で扱っている食材や調味料の良さを知ってほしいと始め、だし巻き玉子や煮物といった伝統的な家庭料理、郷土料理を提供する。「特別なことはしていないのですが、評価していただけるのは、旬の食材やいい調味料を厳選し、手間を惜しまず丁寧に作っているからでしょう。ただ少人数でやっているため時間がかかったり不手際がありましたらご容赦ください」とのこと。

「昼御膳」1,100円。全てお店で扱っている食材なので、気に入ったら購入もできる。ご飯は新潟産のコシヒカリに、その日によって雑穀を混ぜる。写真は地元の無農薬の紫米入り。上にトッピングされているのは鬼味噌漬。味噌汁の味噌は、新潟産の白味噌と、八丁味噌を混ぜて使っている

1 カボチャの素揚げと椎茸のフライ。椎茸は生でも食べられる渋川産の原木椎茸。油は良質な菜種油のみ使用　2 ニンジンと柿のサラダは昆布ドレッシングであえて。ハトムギをトッピングし、食感がよりサクサクに　3 一つ一つに健康へのこだわりが感じられる品揃え。なかなか手に入らない珍しい食材も多い。京都からおからや揚げを取り寄せたり、月に一度販売される沼津の干物も好評　4 5 窓の外には季節によって桜、ささ百合が見られる。座敷は天井が高く、落ち着きのある空間

おすすめメニュー

・昼御膳(数量限定)　1100円
・甘味　650円〜
・ホットコーヒー(小菓子付)
500円
(ランチ後のコーヒーは200円)

【予算の目安】一人あたり　1100円〜
【座席】テーブル12席、座敷12席(個室なし)
【喫煙】全席禁煙　【カード利用】不可
【予約】要予約
【アクセス】新東名・浜松いなさICより車で1分

HP なし

貴《き》田《た》乃《の》瀬《せ》

浜松市中区田町231-1　☎053-455-2832
🕐18:00～24:00
休日曜、祝日　P なし

「酒×料理」の最高のマリアージュを引き出す

「旅チャンネル」で1999年から続く太田和彦氏の人気番組、「日本百名居酒屋」の1軒に選ばれた和食居酒屋。「料理とお酒、唯一無二のマリアージュを楽しんでもらいたい」と言う、親方・市川貴代志さんの評判を聞いた酒好き、肴好きが県外からも多く集まる一軒だ。多くの人が虜になるのが「炙りのしめ鯖」。鯖の表面を凍らせ、中は生の状態で酢に

1

2

1「炙りのしめ鯖」1,944円。口に入れた瞬間に鯖の旨みと脂の甘さ、程よい酸味と滑らかな食感が広がる。シンプルながら計算された一品の虜になる人が多い人気メニュー　2「黒豚の黒ゴマ煮」864円。とろけるように柔らかな豚肉に、黒ゴマのコクのある甘さがベストマッチ。女性向けに開発されたメニューながら、最近は男性ファンが多い一品だ　3「大根とタコのガスパチョのテリーヌ」864円。テリーヌと合わせるのは、ドライトマトをワインと日本酒半々で戻して作ったオリジナルソース。ワイン、日本酒、どちらとも相性抜群　4「牡蠣の蓑揚げ」864円。牡蠣の身を包む衣は、ジャガイモ、竹イモ、サツマイモの細切りを使用。3種類の芋が揚げた時に美しいグラデーションになる　5「うちに来なければ食べられない味を楽しんでください」と語る、親方の市川貴代志さん

漬けることで浸透圧によって身が締まり、表面は程よい酸味、中はしっとりとろける舌触りが楽しめる。「刺身とワインと一緒に楽しみたい」と言う人には、「醤油とワインは相性が合わないから」と、本来ならワインとは相性の悪い漬物を使って作った親方オリジナルのタクアンソースやナスの漬け物ソースで提供。漬け物の風味と酸味が鮮魚に優しく溶け込み、香り高いワインの芳醇さをより高めてくれる。各料理それぞれに相性の良い日本酒を揃えている上に、女将がシニアソムリエの資格を持つのでワイン好きもぜひ足を運んでみて。

おすすめメニュー

・コース料理　5400円～
・キンキのアラ煮　6480円～
・牛タンの柔らか煮
ゴルゴンゾーラソース　3240円～
・開運(日本酒)　1合756円～
・小夜衣(日本酒)　1合756円～
・料理に合うおすすめワイン
グラス756円～
ボトル3240円～

【予算の目安】
1人あたり　ディナー7560円～(飲み物込み)
【座席】カウンター7席、テーブル8席
座敷8席、個室2室(2名～)
【喫煙】全席喫煙可　【カード利用】可
【予約】ある方がベター
【アクセス】遠州鉄道・遠州病院駅より徒歩3分

HP http://blog.kitanose.jp/

割烹旅館 天《てん》金《きん》

掛川市肴町1-16　☎0537-23-3188
営 昼12:00～LO14:30 夜18:00～LO19:45
休 水曜、月曜の夜　P 2台

これを食べずして牡蠣好きと言うなかれ！

昭和23年から続く天丼の老舗。秋が深まると、「今年はいつから始まるんでしょうか？」と待ちきれんばかりに問い合わせが来るメニューがある。それは「牡蠣天重」。重箱からこぼれ落ちそうな大ぶりの牡蠣がごろりと入った天重はいかにもジューシーなビジュアル。アツアツの牡蠣を火傷しないよう細心の注意で口に運ぶと、濃厚な旨みがパーッと広がり口の中は一気にミルキーに。天ぷらなのに、まるでカキフライのようなサクサクとした衣の食感が、さらにおいしさに拍車をかけ気分が高揚することこの上ない。牡蠣好きならこれは絶対はずせない逸品だ。

「サクサクの秘密は花揚げなんです」と3代目の平岩源一郎さん。衣を散らし、包み揚げることにより独特の食感を生み、ご飯との相性も抜群。人気アイドルグループのメンバーが絶賛したという「天金の天ぷら」も要チェック。

冬期限定メニュー「牡蠣天重」1,800円。浜名湖産はミネラルたっぷりで味も濃く、好んで使っている

1「天金の天丼」1,200円。海老は大きく、椎茸は肉厚。オーダーが入ってから揚げるので時間はかかるが絶品だ　**2**コースメニューの煮物。立体的な飾り切りが素敵。カボチャで作る富士山は特に人気　**3**ピザくらいの大きさがあり、なんと丼が見えない「桜えびのかき揚げ丼」。端から食べて　**4**風情を感じる店内。2階は宿泊することも可能　**5**しっかり油を切るので、見た目以上にあっさりといただける

おすすめメニュー

・浜名湖産牡蠣天重　1800円
・天金の天丼
　1200円(ランチ価格)
・桜えびかき揚げ丼
　950円(ランチ価格)
・サッポロラガービール　630円
・花の舞　燗付450円～
　冷酒880円
・開運
　冷酒880円

【予算の目安】一人あたり　ランチ1500円～／ディナー5000円～
【座席】カウンター6席、テーブル8席
【喫煙】全席禁煙　【カード利用】不可
【予約】コースは要予約
【アクセス】JR掛川駅より徒歩3分

HP なし

老舗豆腐店ならではの作りたての豆腐料理

勘《かん》四《し》郎《ろう》

浜松市北区都田町6531　☎053-428-2031
営10:00～17:00 ※ランチ11:30～14:30(LO14:00)
休木曜　P50台

「できたて寄せ豆腐御膳」1,250円は一番の人気。豆腐はたっぷり250g。添えられるご飯は細江産「まいひめ」の白米か、これにもちあわなどをブレンドした16穀米が選べる。お茶はおからを焙煎して作ったおから茶。天然の大豆イソフラボンが含まれている

都田川のほとり。明治10年から豆腐を作り続ける「須部商店」が、豆腐料理を提供するレストランを2013年にオープンさせ

1 豆腐の白和え。ひじき、マイタケ、エリンギ、玉ねぎ、ニンジンを加え、薄味に仕立てた　2「生ゆば」500円。大豆と良い水が顕著に味に出る生ゆばは、ぜひできたてを

3「焼きたて油揚げ」550円。薬味は「加藤醤油」の醤油麹、しょうが、砕いたみつばを加えた大根おろしの三種　4「みそ田楽」450円。田楽に適した「固め木綿豆腐」を使用。こだわりの自家製みそに、ゆずとごまをトッピング　5御膳につくデザートは豆腐白玉。絹ごし豆腐で作った白玉に、季節のあんが添えられる。大豆のソフトクリームやドーナツなどの単品スイーツもあり　67一階のテーブル席は直売所の奥。ゆっくりしたい時は靴をぬいで二階へ。毎月末の日曜日に開催される「豆腐まつり」も好評

た。「製造元に来てこそ味わえるできたて、揚げたての味を周りの豊かな自然と共にゆったりと堪能できる場所を」という5代目・須部治さんの夢が形になった。豆腐を知りつくした老舗豆腐店だからこそ、自信を持ってシンプルなまま勝負。温かいできたてに薬味やタレは添えられているものの、大豆本来の甘さを実感できる。何も付けなくてもおいしい、ヘルシーだと、赤ちゃんから若者、100歳近いお年寄りまで、幅広い支持を得ている。

豆腐に使う大豆は、北海道産が主。水は南アルプス赤石山系の天然地下水のみを使用し、ご飯の炊き上げやドリンクにもこの地下水を用いるこだわりようだ。

おすすめメニュー

・豆腐御膳(デザート付)
1250円
・湯葉丼御膳(デザート付)
1550円
・豆乳美肌鍋御膳(デザート付)
冬季のみ　1650円
・酒の取り扱いなし

【予算の目安】一人あたり　830円~
【座席】テーブル1F16席、2F26席
【喫煙】全席禁煙　【カード利用】不可
【予約】ある方がベター
【アクセス】遠鉄バス・都田西より徒歩1分

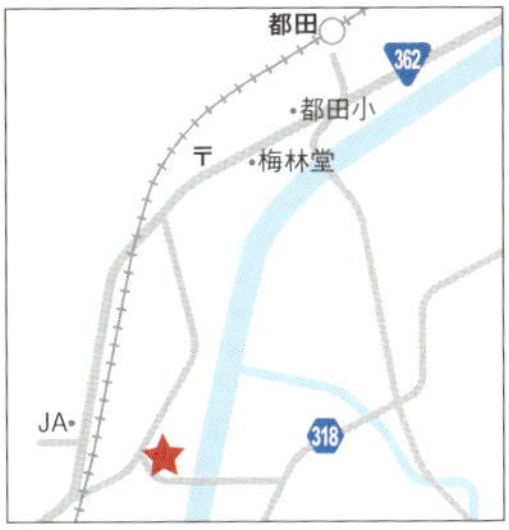

HP http://www.tofu-kanshiro.jp

舞阪港で直接買い付けた鮮度抜群の旬の地魚に感激

味と酒 えびいち

浜松市中区海老塚1-5-24 ☎053-454-4169
営17:30～23:30
休日曜、祝日の月曜 P8台

昭和43年創業の歴史ある佇まいながら、「食事だけでもお気軽に」と、懐深く迎えてくれる「えびいち」。素材を吟味した料理を提

1 食前、食後に軽くつまめるご飯ものも人気。マグロの赤身と海苔の風味が絶妙な「鉄火巻き」540円、千切りキュウリの食感が心地よい「カッパ巻き」324円、肉厚で脂ののった鯖を贅沢に使った「鯖の棒寿司」。深海魚の一種・腰折れ海老が丸ごと入った「味噌汁」432円と共に 2 口に入れた瞬間、エビの香ばしさが広がり、プリッとした弾力のある食感の「名物・海老だんご」648円。来店したほとんどの人が注文する人気の一品 3 プリプリの歯ごたえの後、滑らかな舌触りが楽しめる「白子ポン酢」864円

しっかりと旨みが詰まった鴨肉に、ゴボウ、セリの香りがピッタリ合う「鴨鍋」1人前2,160円～（予約が確実）

4 カウンター目の前のケースには、旬の食材がずらりと並ぶ　5 古き良き和の趣を感じられる純和室　6「土鍋ごはん（銀シャリ）」1人前864円。「銀シャリ」には生卵とシラスが付くので、贅沢な玉子かけご飯を楽しんで

供する"割烹"と、肩肘張らずに通える"居酒屋"、両方の魅力が融合している一軒だ。

ここでの自慢は、店主・松浦盛幸さんが毎日舞阪港へ出向いて厳選した地魚料理。冬ならフグや希少な高足ガニ、夏はもち鰹にハモと季節ごとの素材を、鍋や焼き物、すしなどベストな調理法で楽しませてくれる。中でもチェックしておきたいのが「刺身盛り」と「土鍋ごはん」。「刺身盛り」は舞阪港で水揚げされたばかりの鮮度抜群な地魚を堪能できるので、遠方の客をもてなす際にぜひ。「土鍋ごはん」は一人一人専用の釜で炊く贅沢感と、炊きたての米のふっくら食感、噛む程に口に広がる甘みがたまらない。

料理を引き立たせる器は、ほとんどが店主の義父が手がけた作品。味覚、視覚、嗅覚をフルに使って楽しもう。

おすすめメニュー

- 出汁巻き玉子　540円
- 魚ロッケ（ギョロッケ）　648円
- 刺身盛り合わせ　1296円～
- 果実酒（柚子・梅）　432円
- 季節に合わせた日本酒　540円～
- 百年の孤独（焼酎）　グラス540円

【予算の目安】一人あたり　5000円～
【座席】カウンター10席、座敷23席　個室3（2名～）
【喫煙】全席喫煙可　【カード利用】可
【予約】不要
【アクセス】JR浜松駅より徒歩8分
【備考】個室3室を繋げて大部屋にもできる

HP http://ebiichi.beblog.jp/

和の名店 中部編 Vol.1

ちょっと遠くても、どうしても行っておきたい店をご紹介。休日、小旅行気分で訪れてみては。

民宿 圓山 みんしゅく まるやま

一日一組限定!
美食の宿の昼会席

DATA
榛原郡川根本町地名259-7　☎0547-56-2522
🕘11:00～14:00 ※昼懐石のみ
休なし　Ｐ10台　HPなし

ゆきち 遊喜智

DATA
藤枝市駅前1-14-10
☎054-646-9494
🕘ランチ11:30～ ※予約制
　17:00～24:00(23:30LO)
休月曜　Ｐ4台
HPhttp://www.yukichi9494.jp/

完全予約制だからできる
隅々まで考え尽くされた創作和食

浜松 和の名店

こだわりの上等な和食

特別な日に味わう至福の逸品も
何度でも通いたくなる味も。
素材をいかす料理人の技と
上質なおもてなしをいただきに。

浜松市中区

旬の料理
大《おお》内《うち》

浜松市中区板屋町672　FOOD昴ビル2F　☎053・452・8600
営17時半～22時（最終入店21時半）　※11時半～14時は要予約　休日曜　Pなし

料理を愛する割烹の粋に今宵も心がほどけてゆく

カウンター席に腰を下ろすと、厨房全てを舞台のように眺める楽しさに胸が躍る。ぴかぴかに磨き上げられた幾つもの雪平鍋、旬の活魚と小気味いい包丁さばき、親方・大内哲男さんの人なつっこい笑顔、どの景色も清々しく、そして温かな割烹店。お酒抜きで食事にやってくる常連も珍しくない。

親方は日本料理一筋で30年余。仕入れ先との深い信頼関係から、魚も肉も他では手に入りにくい品を価格を抑えて提供している。また何気ない食材を味わい深い一品に生まれ変わらせてしまうのも熟練ならではだ。さらに自家製であることにも手間を惜しまない。南蛮醤油や昆布醤油、ワインに合うアボカドの味噌漬け、お酒もご飯もすすむベーコン作りまで、料理を愛してやまない人なのだ。知恵を絞り、遊び心を添えて創られるこの店でしか食べられない味にぜひ出合ってみてほしい。

女性一人でも気軽にカウンター席でくつろげる。気さくな親方や優しい女将さんとのやりとりに箸もすすむはず

おすすめメニュー

・アボカドの味噌漬け　600円
・海老芋のあんかけ　900円
・コース　4300～15000円
（15000円のコースは要予約）
・静岡および他県の銘酒
700円～
ほか、焼酎、ワイン、ウイスキー、ソフトドリンク各種

【予算の目安】一人あたり　ランチ2600円～／ディナー7000円～
【座席】カウンター6席、テーブル4席
座敷12席
【喫煙】全席禁煙　【カード利用】可
【予約】ある方がベター
【アクセス】JR浜松駅より徒歩5分
【備考】ランチは前日までの予約制

HPなし

下田産「蒸し鮑のステーキ」2,800円は、柔らかく蒸した身にバターと肝を合わせた特製のソースが香り高い逸品

1わずかに火を通したウニの甘さと青菜の合わせ技は親方のセンスから生まれたもの。ウニのいい出汁が効いた「生うにとほうれん草の煮びたし」1,200円　2この日のお任せコースのお造りは、舞阪港で揚がった赤むつの炙り、さっと炙ったカマス、スミイカ、三河の赤貝の盛り合わせ　3甘みをおさえ、静岡そだちの肉の旨みと松茸の芳香を楽しませてくれる「松茸と和牛のすき煮」3,000円。秋のコースの一品としても人気　4サンマらしい爽やかな風味を際立たせた「さんまの菊花あえ」800円。小さな皿でありながら造りの酢の塩梅に実力がにじむ　5カツオ出汁には削りたての鰹節を使用する大内さん

見かけは地味だが、まったり濃厚な味とクリーミーさが半端ない「白子の天ぷら」

掛川市

天ぷら旬菜 佐《さ》いち

掛川市緑ヶ丘2・14・21 ☎0537・21・0922
㊐昼11時半～13時半までに入店 夜18時～21時までに入店
休日曜のディナー、月曜 P7台

1コースのお刺身盛り合わせ。本ワサビを使っているところに店の品格が表れている 2牡蠣の天ぷら。目の前で殻からはずす牡蠣は身から汁があふれ出てくるほどジューシー 3コースメニューの「吹き寄せ盛り」。一皿の中に季節を表現。天ぷらのオープニングを示す合図でもある 4淡白なアラと素材から出た出汁との相性抜群な「アラのちり蒸し」 5香ばしい桜海老と、ちょうどいい甘さのタレにご飯がすすむ「さくらえびのかき揚げ丼」 6デザートの柿の天ぷら。まるでスイーツのような甘さ 7ピカピカに磨きこまれたカウンター。清潔感あふれ、凛とした雰囲気

おすすめメニュー

・お食事天ぷらコース
～藤～ 4350円
～楓～ 5950円
～紫陽花～ 7050円
・生ビール 600円
・開運 吟醸 850円
・喜久酔 純米酒 950円

【予算の目安】一人あたり5000円～
【座席】カウンター7席、座席14席
【喫煙】全席禁煙 【カード利用】可
【予約】ある方がベター
【アクセス】東名・掛川ICより車で5分
【備考】夜の利用は小学生以上

HPなし

箸を持って待ち構えたい揚げたての瞬間

冬期限定メニューになるが、ファンを魅了してやまない逸品がある。それが「白子の天ぷら」。サクッと歯に衣が当たった瞬間、白子の薄皮がプチッとはじけ、中から濃厚な身がとろ～りとろけて口の中はあふれる旨みでいっぱいに。独特な2層の食感とクリーミーな味わいに、思わず目を閉じ何も言えなくなってしまうほどのおいしさ。「寒さが厳しくなるともっと濃厚になりますよ」と話すのは店主の佐藤真人さん。納得いかない白子だと店に並ばないこともあるが、運良く出合えたらぜひ頼みたい一品だ。

なぜ佐いちの天ぷらは感動するのか？　それは徹底したタイミングにある。食べるスピードを観察し、口の中に入れるその瞬間においしさのピークを持っていくよう揚げているからだ。「おいしい天ぷらを食べていただきたい」そのために全力を尽くす店主との真剣勝負をぜひカウンターで楽しみたい。

御前崎市

地酒と地魚
眞《しん》海《かい》

御前崎市池新田4860・2　☎0537・85・3707
17時～LO21時（昼は予約のみ対応）　休日曜　P10台

中トロの旨さに感極まる、赤身と脂の絶妙なバランス

きらめくようなツヤと輝き。見るからに極上オーラをまとっている中トロをほおばった瞬間、ずば抜けた旨みと甘みが口の中に広がり、あっという間にとろけてしまう。「こんなにおいしい刺身ははじめて！」と歓喜に満ちた声を発する自分に驚く、そんな感動体験を味わえるのが御前崎にある魚料理の名店「眞海」。

大将の山口勝さんは元・魚の仲買人。そのため誰よりも魚に詳しく、魚屋泣かせと呼ばれるほどの

大将が自らワラで巻き、寒風にさらして作る「菰塩さわら」。熟成され、脂がのった味わいは冬だけのご馳走

おすすめメニュー

・夜のおまかせコース　5000円～
・白隠正宗　500円
・磯自慢 純米吟醸　900円

【予算の目安】一人あたり　5000円～
【座席】カウンター7席、個室3（4～10名）
【喫煙】一部喫煙可
【カード利用】不可
【予約】ある方がベター
【アクセス】
国道150号・浜岡ICより車で約3分

HPなし

目利きで自分の眼鏡にかなったものだけを仕入れる。そのため決まったメニューはなく、その日のお薦めだけが並ぶ。まな板の上で動きまわるほどの活イカを刺身にすれば、驚くべき透明感とエッジの立った食感、そして押し寄せてくるかのような甘み。大将の力をあますことなく発揮できる「夜のおまかせコース」で特別な時間を過ごしたい。

中トロにぎり。この日はケープタウン沖のインドマグロ。これを知ってしまったら最後、あまりに衝撃的なおいしさにノックアウト

1しっとり落ち着く店内。基本的に夜のみの営業なので、ランチは事前に予約が必要　2大事にしているこれらの品は、常連客からの贈り物　3「のど黒の酒蒸し」。ミディアムレアな食感で、中はトロトロ。旨みがギュッと濃縮されていて絶品　4ねっとりとした食感の海老芋が、出汁と白味噌とみごとに調和している「えび芋の白味噌仕立て」　5地元・御前崎で水揚げされる槍イカ。刺身で楽しんだあとは、天ぷらにしたり、焼きにしてくれるのがうれしい

掛川市

おんすしところ

ほうらい

掛川市下又南1・20・5 ☎0537・23・6039
昼11時半～13時半 夜17時～21時半 休月曜 P6台

ほうらいの冬の風物詩といえば「たらの白子」1,500円。出汁をはった器に鮮度のいい白子を入れて器ごと蒸し上げた品は極上クリーミー

おすすめメニュー

・昼・おまかせ握り 3000円～
・おすすめの一品 時価
・北海道・旭川 男山 900円～
・新潟 〆張鶴 900円～

【予算の目安】一人あたり ランチ3000円～／ディナー8000円～
【座席】カウンター11席
【喫煙】一部喫煙可 【カード利用】不可
【予約】ある方がベター
【アクセス】JR掛川駅より車で5分

HPなし

魚を熟知する江戸前店の一品料理に惚れる

東京日本橋の老舗「ほうらい鮨」で厳しい修業を重ね、暖簾分けを快諾された由緒正しき江戸前すし店。といっても堅苦しさを感じさせないのは親方・森島茂さんの人柄だろう。「すしの前では皆、平等ですから」と破顔一笑、手は繊細な仕事を刻む。ネタは築地と近海の天然ものしか使わない。すし酢はまろやかにシャリを包み、その温度は人肌より若干高め。丁寧に江戸前仕事を施したネタの個性をシャリが立たせる。箸の運びやすしをつまむ手の加減に応じて、一人ひとり握りを微妙に調整するのは達人技だ。

そして魚もすしも知り尽くしたこの店の一品料理も見逃せない。季節が巡るごとに名物料理が繰り出され、遠方から通う客の期待を裏切らない。親方のかたわらには2代目が煮方・焼方として控え、伝統の技が次世代に受け継がれるのも楽しみな店である。

2

3

4

1

1 5～6月北海道で獲れる貴重な「あんこうの肝」800円。「冬場とは違う爽やかなバターを思わせる旨みを味わってほしい」と森島さん 2 席は板場を囲むように配したカウンターのみ。全てに目が届くようにという気配りに思いきって身をゆだねたい 3「金目鯛の焼き物」1,500円～。御前崎港から鮮度を保ったまま仕入れられ、パリッと焼き上がった皮とふっくらした身の旨みに箸がすすむ 4 御前崎港で揚がった戻り鰹の「鰹の土佐づくり」800円～。沖縄の塩を振って炙り、力のある香りとたっぷり野菜を自家製ぽん酢でさっぱりと

浜松市西区

湖畔の小宿 海《かい》賀《が》荘《そう》

浜松市西区舞阪町弁天島3419 ☎053・592・6833
営 昼12時くらいから相談 夜18時くらいから相談（食事時間2時間半程度） 休不定休 P25台

この日の姿煮は宿の名物、金目鯛の煮付け。8人前1.5kgの大迫力だが身はふっくら。地元舞阪のしっかり濃いめの味付けは酒にもご飯にも合う

おすすめメニュー

・コース　5000円
・コース（蟹料理付き）　6000円
・コース（刺身グレードアップ）　7000円
・ビール中びん　650円
・日本酒熱燗　650円
・冷酒　850円

【予算の目安】一人あたり　ランチ5000円～／ディナー6000円～
【座席】個室5（各2～30名）
【喫煙】全席喫煙可　【カード利用】不可
【予約】完全予約制（前日まで）
【アクセス】東名・浜松西ICより車で30分　JR弁天島駅より徒歩20分
【備考】無料送迎バスあり

HP http://kaigasou-hamanako.com/

湖畔の隠れ宿でのんびりと旅情も味わう贅沢

目の前に遮るものがなく大空と浜名湖の眺めを独り占めする小さな宿。路地の先にあり決して目立たないが、魚の旨さを知る地元民に愛され、また遠方から足繁く通うファンも多い。現在は、主に岡本哲侍さんと光弘さん兄弟が切り盛りしている。

活魚は特に遠州灘と浜名湖から揚がるものを選りすぐり、盛りは多め。刺身の盛合せは思わず「こんなにあって一人前ですか」と聞いてしまったほど。汽水湖である浜名湖産の牡蛎、アサリ、どうまん蟹、生海苔など、旨み・甘み・香りの濃さを生かした逸品は得意中の得意である。玄関脇には生け簀を備え、地下80mから汲み上げた海水で魚をストレスなく活かすのもこの宿ならではだ。悠々と広がる湖面のきらめきを眺めつつお腹も満たされれば、気分はすっかり小旅行。季節ごとに変わる魚介を楽しみに「次はいつ来ようか」と口もとも緩んでしまうだろう。

3

※料理は全て5,000円のコースより

5

4

6

1板場を預かるのは弟の岡本光弘さん。料理の腕だけでなく、人なつっこい笑顔でも訪れる人をもてなす　2どの部屋からも浜名湖を望み、部屋食の特別感に浸りながら時間が経つのも忘れてしまいそう　3コースの一品とは思えないたっぷり一人前の刺身。トロ、平目の昆布〆、ハゼの身と卵、生シラスなど、魚好きをメロメロにする盛合せ　4前菜の「浜名湖の地物サラダ」は、浜松や湖西の農家が栽培する新鮮野菜を青唐辛子がピリッと効いたコクのある合わせ味噌で楽しむ　5鮮度のいい鴨と甘いウニを鍋仕立てにした「うにと鴨肉の治部煮」。醤油で風味付けしたつゆの香りに食欲をそそられる　6小さな緑庭が趣きのある半露天の風呂に浸かれば、もう旅モード全開（入浴料450円・食事と共に要予約）

すし匠

佐《さ》々《さ》屋《や》長《ちょう》兵《べ》衛《え》

浜松市中区肴町319-1 ノアビルB1F ☎053-455-7007
⏰18時～翌1時 休日曜、金・土曜以外の祝日 Pなし

天然素材と確かな技が融合した特別な日のすし

特別な日に、大切な人と食事をする。そんな時、足を運びたくなるのが肴町通りのすし処「佐々屋長兵衛」。店内に入ってまず目に入る大きなカウンターに着くと背筋が自然と伸びるだろう。そして、店主の温和な人柄と、流れるような仕事ぶりを目にすれば、すしへの期待が高まるはず。店主が出張スタイルの営業をしていた際に、場所や人によって握りに変化をつけていた経験と技を生かし、食べる様子を見てシャリの大きさや握る力加減を調節。いろんな種類を食べてほしいと、一貫ずつ提供するスタイルが基本だ。

ネタは天然物のみを使い、貝類は注文が入ってから身を取り出すなど質にもこだわり、その味わいを最大限生かすよう調味料も厳選。汁物に使う赤味噌は三河産、お茶は川根産と森町産のオリジナルブレンドを使うなど、すし以外の部分にも気を抜かない姿勢に信頼は厚い。6月に登場する一人一貫限定の新子の季節も楽しみだ。

著名な建築家・安藤忠雄氏設計のモダンな建物の地下1階に店舗があり、知る人ぞ知る隠れ家的な雰囲気を醸し出している

おすすめメニュー

・おまかせコース　7560円～
・穴子焼き　1404円
・真鱈の白子焼き（11～2月）　1296円
・白天宝山　756円
・大坂屋長兵衛　1296円

【予算の目安】一人あたり　ディナー10800円～
【座席】カウンター10席、個室2（4～8名）
【喫煙】一部喫煙可　【カード利用】可
【予約】ある方がベター
【アクセス】浜松駅より徒歩10分
【備考】子連れの場合は要問い合せを

HPなし

宮古島産の雪塩をかけて味わう「昆布〆」、ボリビア産の紅塩を合わせると甘くとろける「ウニ」、酢の引き締め具合が絶妙な「コハダ」、肉厚の身に圧倒される冬が旬の「カニ」、身の香ばしさとふっくら感がたまらない「穴子」など、食べたいネタを1貫ずつじっくり堪能して

3

4

2

1

1 和と洋の様式美を取り入れたモダンな個室　2 少し高めに設えたカウンターからは、親方の仕事がよく見える　3「ホタテの磯辺焼き」972円。どっしり肉厚の身を香り高い海苔に巻いて味わうと、また違った風味が楽しめる　4 上品な盛りつけに目を引く「だし巻玉子」432円。すしとの相性も抜群

浜松市中区

割烹 桑《くわ》はら

浜松市中区佐鳴台3・51・1 ☎053・445・5686
Ⓛ昼11時半〜14時 夜17時〜 休不定休 P4台

その日仕入れた旬素材に彩られた懐石料理

「完全予約制の割烹」、「隠れ家的な一軒」と聞くと敷居が高い印象を抱いてしまうが、店主・桑原章好さんが「気軽に味わってほしい」という思いから、昼1620円〜という良心的な価格で土地の恵みを懐石料理という形で提供。

ここではメニューの存在がないのも特徴。当日仕入れた素材で料理が決まるので、漁の具合や旬によって多彩な食材を楽しむことができ、来るたびに新たな味に出合えるのだ。吟味した素材に、厳選した調味料を最小限の量で最大限に生かし、持ち味を引き出す腕に惹かれた常連客も多い。

昼、夜ともに懐石料理のスタイルで、まずは八寸の彩りと一つひとつの素材の味わいを楽しんだ後、絶妙のタイミングで次の椀が登場。「料理を一番おいしい状態で召し上がって頂けるよう、お客様のタイミングを見極めてお出ししています」という心遣いも魅力だ。

店主の桑原章好さんと料理談義に花が咲くことも

おすすめメニュー

・おまかせ昼懐石　1620円〜
・おまかせ懐石　3240円〜
・好みや料理に合わせて提供する地酒　1合500円前後

【予算の目安】一人あたり　ランチ1620円〜／ディナー3240円〜
【座席】カウンター6席、テーブル8席
【喫煙】全席禁煙　【カード利用】不可
【予約】完全予約制
【アクセス】JR浜松駅より車で10分

HPなし

2

1

4

3

5

1揚げ物。この日はカレイの姿揚げが登場。骨までパリッと香ばしく味わえる。盛りつけの工夫にも注目したい　**2**だしまき。卵と出汁のおいしさのみで勝負した一品。ひと口味わえば、口の中いっぱいにジュワッと出汁が広がる。昼には先付けとしても登場　**3**八寸。この日の内容は湯葉、つぶ貝、銀杏、アカシャエビの唐揚げ、エビ芋の皮かつぎ　**4**椀もの。写真の内容は甘鯛の蕪蒸し。甘鯛の身の甘さとほっくりとしたカブの食感と風味が胃に染み渡る。出汁の味わいが深い、上品な餡との相性が抜群　**5**〆の食事・お粥。栄養価が高く、薬膳料理にも用いられる黒米を、消化の良いお粥にして〆の食事に

浜松市中区

割烹 しんはま

浜松市中区中沢町67・12 ☎053・522・8789
🕐昼11時〜14時 夜17時〜22時 休日曜、祝日、第3月曜 P12台

明治時代創業の魚屋の技と味を受け継ぐ和食店

初代が明治時代に愛知県の新城市から浜松市に出て店を構える際に「新浜屋」と命名した店は、明治から平成という長い歴史を仕出しや宴会も請負う魚屋として歩んできた。老舗の域に達しながらも、店主・永谷光弘さんの父親の代で「肩肘はらずに、おいしい魚を満足するまで味わえる和食店に」と、新しくスタートした。その経緯から、魚屋のみが持てるせりの参加資格証「買参権」を所有。

店主が市場で「これぞ！」と思う鮮魚を仕入れることがこの店の強みだ。また、店主の笑顔に惹かれてか、専属漁師を買って出る人もいるそう。プロの目にかない、抜群の鮮度を保った旬の魚を使いながらも、「日替わりランチ」800円〜があるのもうれしい。ステーキ専門店に負けない宮崎産の和牛を使った、隠れメニューの「和牛陶板焼き」1620円目当てに来店する常連客も多い。

1

2

おすすめメニュー

- 旬のおまかせコース 3240円〜
- 遠州天然とらふぐコース 10000円
- とらふぐコース 7000円
- 浜松すっぽんコース 5000円
- 海洋よせなべコース 5000円
- エビス生ビール 540円
- 地酒各種 1合750円〜
- ワイン ハーフボトル 1540円〜 フルボトル 3240円〜

【予算の目安】一人あたり ランチ800円〜／ディナー3000円〜
【座席】カウンター6席、テーブル12席 座敷24席、個室3(4〜20名)
【喫煙】分煙 【カード利用】可
【予約】ある方がベター
【アクセス】遠鉄バス・中沢より徒歩3分 遠州鉄道・八幡駅より徒歩10分

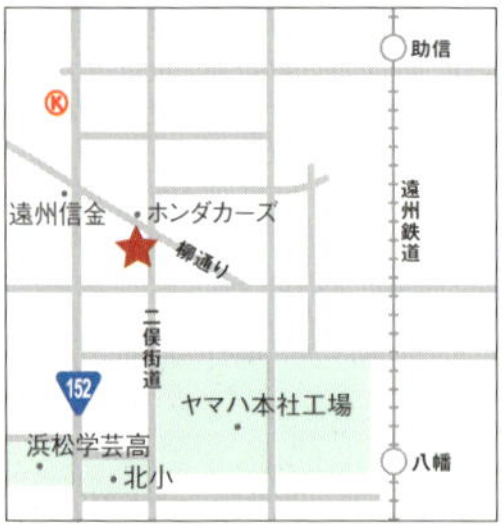

HP http://www.sinhama.com/

イクラにトロ、自家製カラスミなど贅沢な内容の「しんはま特選海鮮丼」2,160円。素材の一つ一つに魚介の旨みがギュッと詰まっている。旬の魚を仕入れているので、内容は日替わり

1店主の永谷光弘さん（中央）と共に店を切り盛りする頼もしい仲間。厨房はいつも笑顔が絶えない　2店主との会話が弾むカウンター席　3自家製の「からすみ」1,620円は酒の肴にピッタリ。コクのある塩味がクセになる　4ふんわりと柔らかな食感の「京風だし巻き」640円　5「魚料理店だからといって、生半可な肉は使えない」と、ステーキ専門店に負けないレベルのサーロインやモモ肉を仕入れている

浜松市中区

おばんざい
季《き》遊《ゆう》

浜松市中区連尺町309・16 ☎053・458・2788
🕐18時～LO22時半 休月～水曜、不定休あり Pなし

厳選した季節の味わいを、一期一会のおばんざいに

市街地中心部ながら、閑静な雰囲気の五社神社近くにある〝おばんざい〟の店。女将の鈴木美栄さんが「こだわって選んだ季節の食材を、小粋な家庭料理にしてお客様においしく味わってもらいたい」という思いから始まった一軒だ。

店内は常時3～4種類のおばんざいが並ぶカウンター席がメイン。女将と差し向かいで会話を楽しみながら味わう料理は、3500円～のコースが中心。お通しから日替わりのおばんざい2～3品、メイン

女将の鈴木美栄さんの信条は「一期一会を大切に」。来てくれた人に健康的な料理をおいしく味わってほしいからと、旬の野菜を中心としたおばんざいを提供

おすすめメニュー

・おまかせコース　3500円
・景虎（日本酒）　1合600円
・一ノ蔵（日本酒）　1合700円
・どぎゃん（麦焼酎）　600円

【予算の目安】一人あたり　3500円～
【座席】カウンター9席、座敷10席
【喫煙】全席禁煙　【カード利用】不可
【予約】完全予約制
【アクセス】JR浜松駅より徒歩10分
【備考】当日の来店でも一度電話連絡を

HPなし

の流れに時々お酒を挟むのが主流だ。メインはフランス産ゲランドの塩が決め手の「鶏のせせりの塩焼き」や、昆布と蒸した牡蠣を使った「浜名湖産牡蠣のフライ」など、旬の素材にひと手間かけた一品が登場する。2次会来店客用のおばんざいとお酒のセット（2000円前後）や、忘新年会時期のみ限定の2時間飲み放題付き「お鍋のコース」5000円にも注目。

「高野豆腐とエビの炊いたん」。噛めばジュワッとアゴダシの風味が広がる高野豆腐に感動。器に残った出汁を最後の一滴まで飲み干したくなる

「小松菜と油揚げの煮浸し」。青菜特有の爽やかさと油揚げが相性抜群。体に優しい一品

※料理は全て「おまかせコース」3,500円の一例

1

2

3

1「お造り」。その日の仕入れによって、様々な鮮魚が登場。写真は身の甘みが濃厚な赤エビ、マグロのハラミ、セイゴ　2「フキの炊いたん」。さりげない京都弁のメニュー名。フキのシャクッとした歯応えの良さを楽しんでいると、口の中いっぱいに出汁の旨みが広がる　3「牛スジ煮」。手間隙かけた牛スジは、口の中でトロリと脂がとろけ、噛むと旨みをたっぷり含んだ肉がホロリと崩れる。ゴボウの香りと旨みがアクセント

浜松市南区

たか鮨《ずし》

浜松市南区高塚町2341-1　☎053-523-9271
昼11時半～14時 夜17時～21時半　休月曜　P5台

柔和な笑顔にほっとする 老舗江戸前ずしの伝承人

すしと聞いて、まだまだ敷居が高いと思う人は多いだろう。江戸前ずしとくれば、尚さら作法など気になるかもしれない。しかし、にっこり笑う大将の前に座れば緊張なんて必要ないと分かるはず。小さな子供の親でもある大将は子連れのファミリーのための「お子様寿司」もメニューに載せて歓迎の意を表している。

大将は本格江戸前ずしの名店で14年の歳月をかけて伝統の技も味もその身に叩き込んだ人。吟味したネタに合わせる米はコシヒカリ。どっしりした味でネタを活かし、「シャリ八分、ネタ二分」を静かに貫く。頬張ればシャリの程良い温度にも江戸前職人のこだわりが感じられるはずだ。照れ屋だからネタに施した創意工夫を自分から披露することはないが、独自の若きセンスは隠しきれない。とことん学んだという割烹の料理も、いい意味で期待を裏切ってくれるだろう。

1

2

おすすめメニュー

・コース「いなせ」　7000円
・コース「粋」　8000円
・コース「店主おまかせ」　10000円
・純米、特別純米、純米吟醸など　各種　約1000円～

【予算の目安】一人あたり ランチ1800円～／ディナー5000円～
【座席】カウンター6席、座敷10席 テーブル個室1（4～5名）
【喫煙】全席禁煙　【カード利用】不可
【予約】ある方がベター
【アクセス】JR高塚駅より徒歩10分

HP http://www.taka-sushi.com/

※ 料理は全て季節の一品料理の一例

駿河湾の「のどぐろ」(時価)は、生と炙りで。アンデスの塩(写真後ろ)を削って振ってある

1酢〆の「小鯛」一貫400円。ネタの上に合わせたのは、手前が白板昆布(ばってらこんぶ)、奥がおぼろ昆布　2爽やかな香りが立つ佐渡の「ぶり」一貫400〜700円。生は煮きり醤油で、もう一貫は辛味大根と柚子で　3開業は2011年。すっきりとモダンなカウンター席は、長尺のネタケースにびっしりと並ぶ魚介を眺めるだけで胸が躍る　4醤油を付けながら天火で焼いた「ふぐの白子 醤油焼き」。醤油餅のような香ばしさとクリーミーな味わいを楽しむ冬のご馳走　5京の海老芋のふんわり団子の中には北海道産のウニがトロリ。「海老芋のうに包み揚げ」　6秋から冬にかけて駿河湾で揚がる甘鯛を活かした「甘鯛のうろこ揚げ」。パリッとした表面とふっくら柔らかい身の両食感が美味

3

6

5

4

浜松市中区

料亭
うのいち

浜松市中区中島2・1・9 ☎053・463・2477
🕐昼11時半〜13時半 夜17時〜22時 休日曜 P10台

貴賓室のごとき風雅な個室で滋味豊かな遠州の名物を

大切な人を誘い、悠々と構える玄関の白い暖簾をくぐれば、特別な時間が始まるうれしい予感。完全個室の客室は、天竜美林が育んだ檜や杉がふんだんに使われ、異なる表情を放つ。掘りこみ式の席は日本人はもとより正座が苦手な外国人客にも喜ばれている。

毎朝市場に出かけ、自分の目で素材を確かめる。春は遠州灘の初鰹、夏は浜名湖の車海老、秋には浜名湖のどうまん蟹、そして冬は

1 天竜杉の一枚板でこしらえた座卓を備える「浜名」は庭を愛でる客室
2「秋葉」は天竜美林が育んだ総檜の板張りが美しい

おすすめメニュー

- ・うのいちコース　7560円
- ・とらふぐコース　14040円
- ・すきやきコース　10800円
- ・アサヒスーパードライドライプレミアム　756円
- ・開運吟醸　1026円
- ・蓬莱泉 空　2052円

【予算の目安】一人あたり ランチ4000円〜／ディナー8000円〜
【座席】個室4（2〜20名）
【喫煙】全席禁煙 【カード利用】可
【予約】完全予約制
【アクセス】JR浜松駅より車で5分

HP http://www.unoichi.com

遠州灘の天然とらふぐと、地元の四季を旬の膳で楽しませる。選りすぐった鰻は、天然鰻から取った出汁の効いたタレで蒲焼きに。50年近く継ぎ足しの旨みと、抑えた甘みの後味がいい。またJAから直仕入れの「静岡そだち」最上級A5ランクのステーキやすきやきも好評だ。首都圏からの利用も多く、土曜の予約はかなり早めがお薦め。

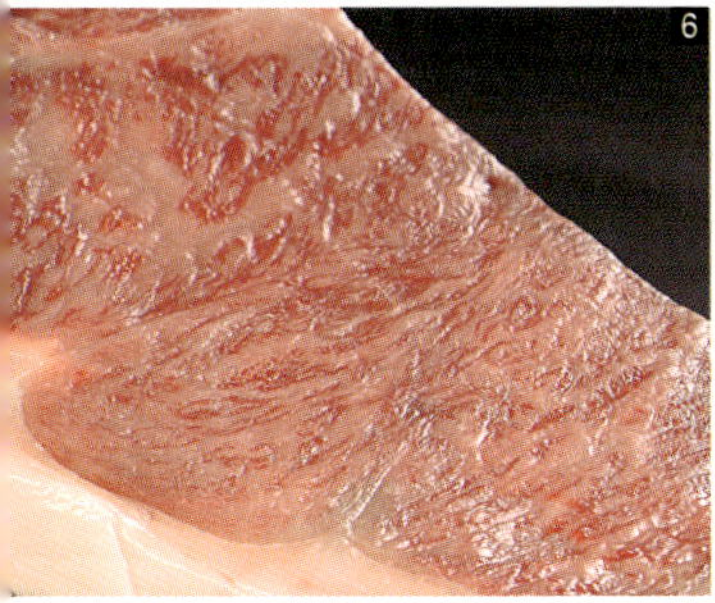

3吟味した浜名湖産鰻を主菜とする2015年の新メニュー1「浜名湖うなぎ膳」4,968円（昼のみ）。新鮮なお造りや小鉢なども揃った料亭らしい膳　4 2015年の新メニュー2「遠州の膳」5,724円（昼のみ）は、車海老と野菜の天ぷら、季節のお造り、浜名湖産鰻の蒲焼きなど、多彩な味わい　5夜のコース「浜名湖産どうまん蟹コース」10,800円は6～11月限定。鰻の白焼きやお造りなど、遠州食材もたっぷり　6「静岡そだち」A5ランクの持ち味を生かしたコースには、「サーロインステーキコース」10,800円、「すきやき／しゃぶしゃぶコース」10,800円がある

浜松市中区

懐石
いっ木《き》

浜松市中区田町3・2・9・8 ☎053・456・0850
昼12時～14時（最終入店13時）夜18時～22時（最終入店20時）
休 月曜、火曜の昼、ほか不定休　P なし

雅な美味をしつらえる若き感性と遊び心

店主・一木敏哉さんが弱冠28歳で店を構えてから8年。京都「菊乃井本店」で研鑽を積んだ実力は、地元遠州で一から築いた熱いファンの支持が証明している。懐石料理のオーソドックスな考えと一木さんの感性が皿の上で融け合い、訪れる人は堅苦しい作法を忘れて美味に酔う。茶の湯や生け花といった伝統文化も学びつつも、遊び心を尊重する一木スタイルが確立されているのだ。

ハモもスッポンも手掛ける腕と、鰹節や昆布といった出汁食材への厳しい目を持ち、さらに地物の食材と共に地元作家の酒器や織物を積極的に用いる温かな郷土愛にもあふれる。また「料理を待つ楽しみを奪わないように」と、あえて最初から献立を置かないもてなしで、新鮮な驚きをもたらす。そんな若き情熱から生まれる料理は、芸術品のようなきらめきをまとっている。

街の喧噪のなかに静寂を生む、こじんまりとした空間に居心地の良さを感じる

おすすめメニュー

・おまかせ　8000～16500円
・静岡県の地酒　800円～
・唎酒セット　2500円～

【予算の目安】一人あたり　ランチ4800円～／ディナー8000円～
【座席】カウンター6席、個室1（4名）
【喫煙】全席禁煙　【カード利用】可（昼は不可）
【予約】完全予約制
【アクセス】遠州鉄道・第一通り駅より徒歩1分

HP http://www.wr-salt.com/ikki/

菊をテーマに秋の庭を愛でるがごとく彩られた八寸(二人前)。鯛の菊花鮨、鱧の煮こごりをはじめ、食と美の融合を味わいたい

※料理は全て「おまかせコース」16,500円より

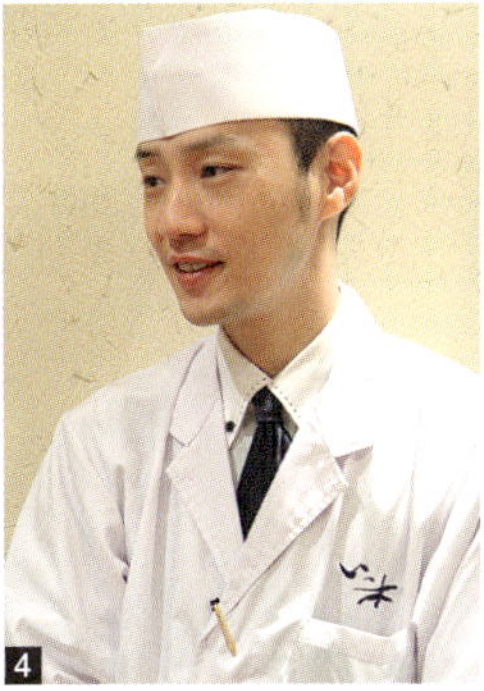

1冬場にかけてさらに脂がのる天然の鯛と伊勢海老のお造り。鯛は最高の状態を目指し、提供する時間から逆算して締められたもの 2山の清流で育った稀少な浜松ブランド牛を活かした「峯野牛と土蓮根の蒸しもの」。サーロインでありながら、さらっとした脂が優しい 3名残のハモを米俵に見立て、早旬の松茸と合わせて五穀豊穣を願う秋の料理「豊年椀」 4料理への熱意と物腰の柔らかさから、同世代の若い和食ファン拡大に一役を担っている一木敏哉さん

浜松市中区

千歳 ふく亭《てい》

浜松市中区千歳町76・3 カノンビル1F ☎053・452・3929
Ⓛ昼11時半～14時 夜17時～22時半 休日曜 Ⓟなし

懐石からぶらり一杯まで 多彩な表情で魅了する実力店

浜松のど真ん中・千歳のモール街という場所柄、「ふく亭」を訪れる人は観光客から仕事や買い物帰り、デートなどまさに様々。求められる振り幅も大きい分、期待に応えて日本料理の幅を広げてきた実力が開花している。正式な懐石や大事な接待には伝統的な料理を、遠方からの来客には浜松の地物である鰻、どうまん蟹、鰹を、若者の集まりにはカジュアルな料理をと、趣向を凝らす。店主の渡

この日の「八寸」(2名分、写真は6,000円コース)は、秋を告げる柿のなますをはじめ、合鴨ロース、タコの柔らか煮など、多彩な顔ぶれ

1朗らかな対応が気持ちいい店主の渡邊隆広さん 2靴を脱いでくつろげる小上がり席は、気軽な居酒屋のようにカジュアルな利用にもおすすめ 3銘酒「獺祭(だっさい)」の中でも最上級ブランドの純米大吟醸をはじめ、日本酒ファンが泣いて喜ぶ銘柄がさりげなく扱われている

おすすめメニュー

- ・コース 4000円～(要予約)
- ・季節の一品料理 760円～
- ・地酒 日本酒 1合650円～
- ・地酒 焼酎 ボトル3500円～
- ・果実酒「梅の宿」シリーズ 650円～

【予算の目安】一人あたり ランチ880円～／ディナー6000円～
【座席】カウンター10席、座敷20席 個室3(各8～20名)
【喫煙】全席喫煙可 【カード利用】可
【予約】ある方がベター
【アクセス】JR浜松駅より徒歩5分
【備考】昼は日替わりランチのみ

HPなし

邊隆広さんは正統派の和食の基本をおさえつつ、「日本料理に馴染みのない若い方たちにこそ来てほしい」と、ステーキやパイ包みといったメニューの開発にも余念がない。「お酒に詳しくない方も楽しんでいただけるように」と用意したのは、全国各地の銘酒を味わえる「厳選三種飲み比べ」1890円。ショーケースにぎっしり並んだ旬の素材を前に、おすすめの料理と酒を相談するのもいいだろう。

北海道産の活ずわい蟹を丸ごと一杯分甲羅に盛った「ずわい蟹甲羅焼き」2,160円。スダチを搾り、蟹みそを身にからめて召し上がれ

4 奥の座敷は20名までの宴会が可能 5「松茸の土瓶蒸し」「ぶりの炙りみぞれ和え」「小松菜とからすみ和え」が揃った盆は、コース料理の中で相談しながら組み合わせた一例 6 御前崎産の金目鯛で茶そばを巻いて蒸し上げた「金目鯛の信州蒸し」870円は、温かな秋の椀

浜松市中区

心割烹

さわだ

浜松市中区富塚町1101-37
☎053-476-4966
昼11時半〜14時 夜17時半〜22時
休日曜、ほか不定休あり
P昼2台、夜5台

季節ごとに変化する旬のいち押しメニューを楽しんで

店主・澤田淳さんが長年の夢を叶えて平成18年にオープンした和食店。ここでは旬鮮魚のメニューが主役。地元の魚介だけでなく、幅広い味わいを提供したいからと、店主の故郷・鳥取県境港で獲れた魚や、築地の仕入れ便から厳選した物なども揃えている。お造り一つをとっても、旬やその日の仕入れ状況によって様々な魚介類が登場する。昼膳の「雄心（お造り膳）」2650円は店主が納得した素材が揃わないと登場しないとあって、魚好きの間では評判。梅雨の時期はギュッと甘みの詰まった海老類、初夏は対馬沖で獲れるホンマグロなど、その時期にしか出合えない素材を堪能して。夜は日本酒を片手に単品料理を楽しんだり、一皿ごとの盛りつけが美しい会席料理（要予約）を目当てに訪れる人が多い。幻のメニューとして「ジビエ（鹿）の刺身」もあるので、来店の際はチェックを。

1 カウンター前には、旬の魚介を使った品書きが書き連ねられている 2 魚好きの舌も納得する、あっさりとしたクセのない味わいの「馬刺」1,944円

おすすめメニュー

・おまかせコース 3240円〜
・雄心（お造り膳） 2650円
・馬刺 1944円〜
・日本酒 1合850円〜
・焼酎 500円〜
・白ワイン ハーフボトル950円

【予算の目安】一人あたり ランチ1404円〜／ディナー7560円〜（飲み物込み）
【座席】カウンター4席、テーブル4席
座敷8席、個室1（4〜8名）
【喫煙】一部喫煙可 【カード利用】不可
【予約】要予約
【アクセス】遠鉄バス・長坂橋よりすぐ
【備考】ランチも予約がおすすめ

HP http://www.j-sawada.com/settai.html

4

5

3

8

6

7

3「浅春の会席」3,240円より「煮合わせ・小蕪射込み蓮根蟹身銀あん掛け」　4「浅春の会席・ちょっとした祝膳」3,240円より「揚げ物・海老芋牛肉、オニオンヌーボ」　5「棒寿司」2,700円。浅締めのサバは脂がのっているがしつこくなく、花ワサビを混ぜたシャリや木の芽がほど良いアクセントに。春・秋には関サバが食べ頃。持ち帰りも可　6「浅春の会席」3,240円より「お刺身・旬の物三種盛り」　7高級魚・ノドグロから出る旨みが出汁にたっぷりと染み渡っている「ノドグロの潮煮」3,088円　8「浅春の会席」3,240円より「里芋とカキの素味噌焼き」

浜松市中区

千《ち》鳥《どり》寿《ず》司《し》

浜松市中区中央2・11・17 ☎053・452・9366
11時～LO21時半 休火曜、第3水曜 P4台

また帰ってきたくなる歴史を育んだ一軒

先代から数えて55年続くすし屋。にぎり寿司1080円～という肩肘張らずに暖簾をくぐれる価格設定と、自分のペースで一貫から味わえる気楽さで、世代を超えて愛されている。

ネタは浜名湖、三河など近隣の港から厳選し、シャリはまろやかな味わいになる赤酢を使用。季節ごとのお楽しみもあり、冬は宮城・瀬戸内産の最高級の生ガキの軍艦にレモンを搾って、磯の香りを存分

1

2

3

おすすめメニュー

- にぎり寿司(並) 1080円～
- 鉄火丼(上) 1620円
- 宴会コース 3240円
- 薩摩島美人(焼酎) 432円
- 福徳長 一合 432円

【予算の目安】一人あたり 2160円～
【座席】カウンター7席、座敷12席 個室1(4～12名)
【喫煙】全席禁煙 【カード利用】不可
【予約】ある方がベター
【アクセス】遠州鉄道・第一通り駅より徒歩5分

HP http://chidorizushi.com/

に感じられる握りが人気。「そう、これが食べたかったんだ」と安心できるおいしさに惹かれてか、リピーターが多いのも特徴だ。

「おいなりさん」や「助六」など、創業から続く昔懐かしい味に惹かれて訪れる人も多い。ほんのり生っぽさを残して〆ることで、脂の甘さを際立たせた「ばってら」など、お土産が充実しているのもうれしい。魚づくしの料理と〆にすしが登場する「宴会コース」3240円〜にも注目を。

1 少し生っぽさを残すことで魚介本来のおいしさを、より感じられる「季節の光もの」1貫216円〜 2 新鮮なネタケースは見ているだけで期待が高まる 3 襖を閉じて半個室として利用できる。宴会などはぜひここで 4 マグロ、トロ、赤イカにご飯を詰めた詰めイカ、穴子といった人気のネタ 5 しみじみとおいしさを感じる昔懐かしい「おいなりさん」1個75円と肉厚なサバが迫力ある「ばってら」 6 アボカドやマンゴーといった意外な隠し味が決め手の「オリジナルカニサラダ」648円

浜松市中区

割烹
濱《はま》

浜松市中区小豆餅3・14・21 ☎053・437・8760
🕐17時～22時 休月・火曜（祝日の場合は営業） P15台

四季の移ろいを楽しませる 洗練の美味と気前のいい盛り

その佇まいは料亭の格式を感じさせながらも、割烹の気軽さを貫く。客室で細やかな気配りをみせる姉妹の「形式や作法など気にせずにどうぞ」という言葉にもホッとする。

親方の稲橋浜雄さんは日本料理ひと筋に腕を磨くと共に、現代のひと皿を追求する人。名物料理「カニたっぷりのトマトサラダ」（コース写真中列の右）は、まさにそんな逸品。ズワイ蟹とトマト3個による、滑らかな食感と爽やかな酸味、凝縮した甘み。フランス料理のような華やかさと和の繊細さでファンを続出させている。魚は天然にこだわり、青森で漁師を営むいとこからも頻繁に活魚や貝類が届く。旬を知り尽くす親方の手からは、四季の移ろいを表現する料理が次々と生まれる。洗練された味わい、しかし価格はあくまでも庶民的で、盛りも気前よし。お腹も心も満たす懐の深い店だ。

1

2

おすすめメニュー

・松コース　6500円
・はま華膳　3600円
・カニたっぷりのトマトサラダ　1188円
・蓬莱泉 可。（べし）　972円
・正雪 吟ぎんが　972円
※予約にて蓬莱泉 空も取扱いあり

【予算の目安】一人あたり 5000円～
【座席】カウンター8席、個室9（2～40名）
【喫煙】全席禁煙 【カード利用】可
【予約】ある方がベター
【アクセス】東名・浜松西ICより車で約10分
【備考】昼は予約制（10名より）

HP http://www.wr-salt.com/hama/

次々と登場する旬の8品とご飯、味噌汁のほか、デザートの盛り合わせまで揃った「松コース」は男性でもかなり食べ応えあり

4

3

5

1生花をかかさず、家族での祝い事や法事、接待にもふさわしい品格の客間。高座椅子スタイルは足腰が楽と評判　2福井の地酒「梵」純米大吟醸や、三河の地酒・蓬莱泉「美」純米大吟醸など、日本酒通も喜ぶ銘酒が揃う3舞阪産の「手長海老の黄味焼き」(時価)。活き手長海老ならではの弾ける食感や甘みと共に、皿を彩る季節のあしらいにも魅了される　4北海道産の天然ブリを、ステーキのような厚みと大きさで豪快に味わう「ぶりの照り焼き」2,160円。継ぎ足しの自家製ダレが味の決め手　5「高足ガニの蒸しもの　菊の花のあんかけ」1,188円。ふっくら蒸し上がった身にシンプルな鰹出汁のあんが優しい余韻

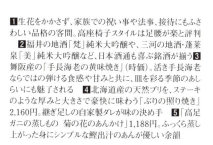

1「白海老のお造り」1,600円。富山湾で揚がった白海老を直送で仕入れている。とろっとした甘みは能登の天然塩で食すのが夏目さんのおすすめ　2冬の赤い宝石箱と呼ばれる「香箱蟹（こうばこがに）」（時価）。内子、外子、脚の身を甲羅に詰め直し、土佐酢のジュレで覆った美品。予約が確実

浜松市中区

加賀料理

青《あお》葉《ば》

浜松市中区鴨江3・29・20　☎053・451・3876

18時〜23時（LO22時）　休日曜（日・月曜の連休あり）　P3台

おすすめメニュー

- おまかせコース（前日までに予約）4860円〜
- 治部煮鴨　1200円
- お造り盛り合わせ　1800円〜
- 生ビール（プレミアモルツ）650円
- 加賀鳶 極寒純米　650円
- 五郎島金時芋焼酎　800円

【予算の目安】一人あたり　ディナー6000円〜
【座席】カウンター4席、テーブル14席
【喫煙】全席喫煙可　【カード利用】不可
【予約】ある方がベター
【アクセス】遠鉄バス・坂下西より徒歩1分

HP http://kagaryouri-aoba.info

加賀の豊かなる食文化を現地直送素材で堪能

金沢の風雅を極めた料亭旅館「浅田屋」へ修業に入った店主の夏目陽介さんは、伝統ある加賀料理の奥深さに心酔。やがて金沢出身の女将さんと共に故郷浜松で加賀料理の店を開業し、もうすぐ10年になる。

海産物や加賀野菜、地酒など、あらゆる食材を現地から直送で仕入れるため、その鮮度も質もとびきりだ。11月上旬の解禁日が待ち遠しい「香箱蟹（こうばこがに）」はその代表の一つ。金沢港を中心に獲れたてが届くという雌のズワイガニは2カ月ほどの期間限定品。甲羅に詰めた脚の身の下にはプチプチとした食感の外子と、濃厚なミソの内子がぎっしり隠れた仕立てで楽しませてくれる。金時草や小坂蓮根といった加賀野菜、山菜、そして名物の干物や佃煮といった酒肴まで、豊富な郷土料理はごく当地の銘酒ともさすがに相性がいい。加賀料理らしい華やかな器にも注目したい。

桧の一枚板が見事なカウンター席で、店主の夏目さんから加賀の食文化についてあれこれ聞くのも楽しいひととき

3 昆布で出汁を利かせ、鰹節の香りを添えた「治部煮 鴨」1,200円。味付けは濃い口醤油、とろみは小麦粉で。どこか郷愁を覚える煮物椀　4 テーブルがゆったりとレイアウトされた居心地の良さについ長居したくなる　5 全て加賀料理で構成される8,640円コースの八寸。イカの黒造り、ブリのかぶら鮨、どじょうの蒲焼き、のどぐろの塩焼きなど、金沢名物が満載　6「菊姫 大吟醸（四合瓶）」12,000円をはじめ、歴史を誇る加賀の蔵元の日本酒や、加賀野菜の五郎島金時芋を使った焼酎などの地酒がずらり

4

3

6

5

浜松市東区

割烹 太《た》一《いち》

浜松市東区北島町121-1　☎053-422-4350
Ⓛ昼11時半〜LO13時半　夜17時〜LO20時（※夜は土日のみ営業）　休水曜　P10台

感性豊かに和洋織りなす
優美な日本料理

瓦屋根に格子窓が雅な日本家屋。和織物の暖簾をくぐり抜けると、外見ほど敷居が高くない古式ゆかしい空間が広がる。そこは特別な日に上質な味を求め、美食家が通う隠れ割烹だ。女将が季節の花々をあしらう店内は、奥座敷をテーブル席にリニューアル。足を楽にしてゆっくり過ごせるようになったと、さらなる評判を呼んでいる。

「素材が際立つシンプルな味つけで、味わうよろこびを届けたい」と語る親方の伊藤太一さん。和食の伝統技法を守りつつ、洋のテイストを加えた新日本料理をコースのみで提供する。淡い色合いの器に彩る見目麗しい膳に心華やぎ、味わえば納得。出汁や米研ぎなど、丁寧に愛情込めて仕込むのが彼の信条だ。素材は全て国産で、毎朝市場で仕入れる鮮度の高いものばかり。本格的な和食を自宅や出先で楽しめる「お弁当」も人気。

カジュアルに楽しみたいなら、昼の「太一膳」。料理にふさわしい富山産コシヒカリは米が立ち、噛むごとに甘みが広がる

おすすめメニュー

・昼コース 太一膳　1620円
・夜コース なごみ膳　2700円
・お弁当　2100円（4個〜）
・ビール　648円
・月替わり日本酒　1合972円〜
・花の舞つう　1合432円

【予算の目安】一人あたり　ランチ1620円〜／ディナー5000円〜
【座席】カウンター8席、テーブル18席、座敷10席、個室2部屋（4〜18名）
【喫煙】全席禁煙　【カード利用】ランチは不可
【予約】完全予約制
【アクセス】東名・浜松ICより車で約7分
【備考】お弁当は4個以上、2日前までに要予約。1万円以上の注文から配達

HP http://katupoutaiti.web.fc2.com/

1盛り込み八寸からデザートまでの懐石「なごみ膳」。昼夜とも全て日替わりメニュー。天ぷらは自家製の梅塩でいただく　2夜のおまかせコース4,000円以上の一例。「自家製銀鱈の西京焼き」は常連客からの支持が多い。西京味噌が染み渡る深い味わいで箸が進む　34扉を開くと和の風情が素敵な小上がり、奥座敷にはテーブル席を用意。「敷居は高くないので気軽に立ち寄って」と、親方の太一さん。季節の生け花は、高さがあるゴージャスなものから陶器に飾った小さなものまで女将のお手製。流派にとらわれずオリジナリティが光る　5夜のおまかせコース4,000円以上の一例。「ローストビーフ」と、スモークサーモンのすしを添えた「変わり寿司のカルパッチョ」

掛川市

和食処 七《なな》海《み》

掛川市大坂1601-2 ☎0537-72-7339
営昼11時半～13時半 夜17時半～LO21時 休水曜 P15台

感性に訴える料理と空間に極上の時を味わう

ガラリと戸を開けると、いい店に共通する凛とした空気感。床の間をしつらえた和室には風雅な掛軸と季節の花が生けられ、隅々まで美しく整えられている洒脱な空間に、センスともてなしを肌で実感できる。

花を生けるのは店主・名波勝利さんの日課。「修行をしていた20代の頃は生け花に夢中だったのと、お小遣いを貯めては掛軸をコレクションしてたので同級生は驚いてまし

掛川産スッポッンの土瓶蒸し。白玉の中にはスッポッンのミンチが入っている手の込みよう。すっぽん鍋コースも用意（要予約）

【予算の目安】一人あたり ランチ950円～／ディナー5000円～
【座席】カウンター7席、座敷32席 個室2室（2名～4名）
【喫煙】一部喫煙可 【カード利用】可
【予約】ある方がベター
【アクセス】東名・掛川ICより車で20分

HP http://nanamis.hamazo.tv/

おすすめメニュー

- お造り・天ぷら膳 1600円
- 昼のミニ会席 2700円
- おまかせ会席（昼夜共）3780円
- 開運
- 初亀
- 八海山 など 1合450円～

たね」と笑うが、その蓄積された感性はみごと花開き、一朝一夕では身につかない美学は思う存分料理に発揮されている。例えば器。お造りは氷を敷き詰め、飾り切りとあしらいで目にも鮮やか。土鍋で提供してくれる、その時期にしか味わえない炊き込みご飯は「今」を感じてもらいたいという心配り。特に女性からの人気が高いというのが頷ける、心と舌を楽しませてくれる名店だ。

もっちりなめらかでクリーミー。シルクのような繊細な口どけに、一度食べたら虜になる「京風ゆばあんかけ御飯」860円

1個室はこれまでの座敷からテーブル席にリニューアル。年配の人から喜ばれている　2落ち着くしつらえ。人生の節目の行事に使う人も多い　3コースの〆に出てくる「季節の炊き込み御飯」。浜名湖産カキのプリプリで濃厚な旨みが口いっぱいに広がる　4「お刺身盛り合わせ」。盛り付けの色彩感覚にハッとさせられてしまう　5デザートの「ヨーグルトのパンナコッタ」。なめらかでモチッとした食感　6「カブとえび芋のカニあんかけ」。一度揚げているのでサックリとして香ばしい

浜松市中区

鳥料理 博多水炊き

鳥《とり》徳《とく》

浜松市中区千歳町56 ☎053・453・2203
🕔17時～22時半 休日曜、祝日 Pなし

百年を超えて若き四代目に受け継がれる鶏料理店

創業は大正2年（1913年）。鶏の飼育と卸しを始めた初代より数えて、現在店主の丸忠昭さんが3代目、息子の幸弘さんが4代目を受け継ぐ。千歳町の老舗店と聞くと敷居が高く感じるが、「丼物を食べに寄っていただくだけでもお気軽にどうぞ」という和食店である。

看板の鶏料理は、まずは素材の良さが光る。用いるのは愛知の銘柄鶏「鶏一番」で、穀類と地下水で時間をかけて育てられ、肉質が良く風味も豊か。それを毎朝さばいたばかりの状態で仕入れるため鮮度はとびきりだ。こうした上質な鶏を余すところなく味わう料理が「水炊き」として代々伝わっている（単品3千円、コース6千円）。丸鶏のまま水から炊くこと一日、スープが出たところで再度3時間煮込む。そうして土鍋に入って登場する手羽や骨付きももは、箸でほろりと崩れるくらいの柔らかさで旨みが凝縮。濃厚な出汁が味わえる〆の雑炊も楽しみの一つ。

1 脂肪が少なく身が柔らかいもも肉を生かした「チキンカツ」1枚2,000円（写真は半分の1,200円） 2 サーロインの塊肉の脂と筋を除いて一番いい部分を贅沢に使った「牛の串焼き」1,800円

おすすめメニュー
・鶏のみそ鍋　1人前2500円
・鶏スープ　500円
・ささみの竜田揚げ　800円
・千寿 大吟醸　6500円
・〆張鶴　4500円
・吉兆 宝山　グラス800円

【予算の目安】一人あたり ディナー4000円～
【座席】カウンター10席、個室4（2～24名）
【喫煙】全席喫煙可 【カード利用】可
【予約】ある方がベター
【アクセス】JR浜松駅より徒歩5分

HP http://www.ric.hi-ho.ne.jp/toritoku/

「水炊き」(5～9月・要予約)写真は2人前6,000円。手羽、骨付きもも、つみれ団子と鶏の旨みをたっぷり満喫

3三代目の丸忠昭さん(左)と四代目の幸弘さん(右)　**4**2階には24名の宴会に対応できる広間がある。足が楽な椅子スタイルは幅広い世代から好評　**5**「鶏のわさびあえ」1,200円は、鶏ささみを湯引きして三つ葉とワサビでさっぱり仕上げた店の名物メニュー　**6**玉ねぎと椎茸のシンプルな具材が鶏の旨さを印象づける「親子丼」800円。とろり柔らかな親子とじに汁少なめのご飯との相性も抜群

3

6

5

4

浜松市中区

鉄板焼 さざんか

浜松市中区板屋町111-2 オークラアクトシティホテル浜松31F
☎053・459・0725(直)
🕐昼11時半～14時 夜17時半～21時、土・日・祝 昼11時半～14時半 夜17時半～21時
休なし Pアクトシティ駐車場利用に限り割引あり

ラグジュアリーな空間で五感で楽しむ鉄板焼きを

上空から浜松市街を見渡しながら、特選牛肉を味わう。そんな贅沢な時間を叶える「さざんか」。鉄板から立ち上る香り、焼き上がりの期待感を高める音、厳選された牛肉や新鮮な魚介類が目の前で調理されていくライブ感を五感で楽しめるのが鉄板焼きの良さ。コースのメインとなる牛肉はランクにこだわり、ランチはA3クラス以上、ディナーはA4クラス以上のみに徹底。それを、常駐する鉄板焼

1 目前の夜景もまたごちそう 2 常駐しているソムリエが、料理に合うワインを選んで提供してくれる 3 コースの締めくくりとなる食事は、旨みが詰まった肉汁と共に焼き上げるガーリックライス(単品1,700円)が登場

おすすめメニュー

・月替わりのディナーコース 13500円
・デラックスコース(ランチ) 6000円
・月替わりのおすすめワイン グラス1500円 ボトル9000円

【予算の目安】一人あたり ランチ6000円／ディナー13500円～
【座席】カウンター20席 個室2室(9名・7名、個室利用は予約が確実)
【喫煙】全席禁煙 【カード利用】可
【予約】ある方がベター
【アクセス】JR浜松駅から徒歩5分以内
【備考】ランチの場合も予約が確実

HP http://www.act-okura.co.jp/

きの師範が調理し、ソムリエが料理に合うワインをサービスするという一連の流れに身を任せれば、身も心も舌も癒やされるだろう。更なる特別感に浸りたい時は、コースの中にアワビや伊勢海老、旬の魚介類を盛り込むこともできる。「特別な日にこそ使いたい」という要望に応え、記念日には予約時に相談すればサプライズ演出も用意してくれる。

4ランチ「デラックスコース」6,000円～、ディナー「水仙」10,000円～共に、特選牛肉の鉄板焼きが楽しめる　56特別な日には、特選素材を追加してみては？　オマール海老は一尾7,000円～、アワビ8,000円～

御前崎市

とんかつ
涼《すず》屋《や》

御前崎市池新田6148 ☎0537・85・5033 ⏰昼11時半～LO13時10分 夜17時半～LO20時（土日17時～LO20時） 休火曜 P15台

一度この食感を知ったらやみつきに再訪を誓うとんかつ店

運ばれてきた揚げたてアツアツのとんかつを目の前に、全身がまるでセンサーになったかのように感じる、たまらない香ばしさ。思わず衝動的に一切れ口に運ぶと、サクサクッとした食感の衣から柔らかく甘みのある肉がジュワー。とんかつの名店は数あるけれど、最後の一切れまで飽きることなくずっと同じテンションでおいしくいただけるのがこの店の最大の魅力。

その秘密はパン粉。「とんかつは衣を食べさせる料理なんです」と店主の松下弘好さん。特注で作る、針の先のような形状のパン粉はサクッとした歯応えと同時に、繊細でほどけるような食感もあり、口の中で生まれる独特なリズムはまさにここだけでしか味わえないお楽しみ。とんかつなのにどこかあっさりとした後味と自家製漬物のレベルの高さにも注目。定期的に通いたくなってしまうはずだ。

1

2

おすすめメニュー

- ロース定食　1300円
- 涼屋定食　1500円
- エビフライ定食　1500円
- 生ビール　630円
- 日本酒　430円
- 梅サワー　480円

【予算の目安】
一人あたり　ランチ・ディナー1300円～
【座席】テーブル20席、カウンター7席
【喫煙】全席禁煙　【カード利用】不可
【予約】不要
【アクセス】国道150号・イオンタウン浜岡東隣
【備考】メニューは昼夜共通

HPなし

特にブランド肉にこだわっていないにも関わらず、甘みと旨みがある。下ごしらえと衣のバランスの結果がこの味を生む

1作っている姿が間近で見られるため、見ていて安心感がある　2包丁を入れると、サクッと音が響くほど　3冷めてもおいしいので差し入れやお弁当にぴったり。「お土産用カツサンド」6切れ750円　4プリプリの海老を優しく包むベシャメルソースがまろやか。「クリームコロッケ定食」1,250円　5特製オリジナルとんかつソースは購入も可能。1本500円　6「おいしいですね」と、わざわざ声を掛ける人も多い自家製漬物

3

6

5

4

掛川市

心茶寮
厨《くりや》

掛川市長谷1・12・6 ☎0537・22・1169
昼11時半〜14時 夜18時〜22時半 休日曜 P4台

丁寧な仕事に惚れる味は コストパフォーマンスも優秀

宣伝もせずネットの情報もほとんど見当たらない、口コミで広がる知る人ぞ知る店。ご主人と女将さんの二人三脚で切り盛りする「厨」は、ふっと肩の力が抜ける自宅の延長線のような心安らぐ雰囲気。人気は昼の会席コース。「家で作れるようなものばかりですよ」とご主人の戸塚浩貴さんは謙遜するが、一つ一つの料理が実に細かいところまで手をかけて作られていることを舌で感じることができる。例えば焼き物に添えられたポテトサラダ。ねっとりとした濃厚なジャガイモに、シャリッとしたピクルスの隠し味で奥深い味わいに。前菜のトマトは甘酢漬けにしてあり、食べた瞬間ジュワッと旨みが滲み出る魅惑の一品。

全体的に上品な味付けで、少しずついろんな味を楽しめるため、特に女性客からの支持が高い。こじんまりとした店のため事前の予約がベター。

1「国産黒毛和牛炙り焼き」2,500円〜。みごとなサシが入った肉は口の中でおいしい脂がすっととろける　2昼の会席コースには「洋皿」としてミニグラタンが登場。和食にちょっとだけ洋食が入るバランスがいい

おすすめメニュー

・昼の会席コース　2100円
・夜の会席コース　3500円〜
・焼酎　14種類全て400円
・日本酒　6種全て600円

【予算の目安】一人あたり　ランチ2100円〜／ディナー3000円〜
【座席】カウンター4席、座席14席
【喫煙】ランチタイムは全席禁煙、夜は喫煙可
【カード利用】不可
【予約】ある方がベター
【アクセス】
天竜浜名湖線・西掛川駅より徒歩6分

HPなし

昼の会席コースの「旬の魚とあしらい4種」。甘み、旨み、辛味、それぞれの味覚がお互いを引き立てる完成度が高い一皿

3「金目鯛かぶと焼き」680円。香ばしさとあふれる旨みに幸せになる逸品。いつもあるわけではないが、メニューで見かけたら迷わずオーダーしたい　4「お刺身盛り合わせ」1人前1,800円〜。希望の予算で作ってくれる　5「牡蠣の湯引き」生食用の牡蠣をさっと湯通しした、半生の食感がたまらない牡蠣。コクがあり旨みがギュッと濃縮されている　6前菜。クリーミーなカボチャのすり流しと、トマトの甘酢漬け。野菜たっぷりでヘルシー　7特に焼酎の種類が豊富。「森伊蔵」などレアものも揃う

浜松市東区

うなぎ

川《かわ》⧄《ます》

浜松市東区西塚町324-1 ☎053-463-3606
営 昼11時～14時 夜17時～20時 休月曜 P6台

パリパリの皮と濃厚な旨み 満足度高い鰻の名店

オーダーが入ってから鰻をさばき、もうもうと煙をあげながら備長炭で焼き上げる。無駄のない流れるような手さばきと店主が見せる真剣勝負の横顔に、待っている時間さえも特別に感じてしまう川⧄のうなぎ。

驚くのは、それぞれのメニューによって鰻の焼き方を変えているところ。「たとえばうな重はあっさりとした一色産。お茶漬けに向いているのは濃厚な浜名湖産ですね」と話すのは店主の高松慎司さん。だからより鰻の味をダイレクトに楽しめるよう、蒸さない関西風で仕上げてゆく。しっかりと焼き上がったうなぎは、とても香ばしくパリパリ。蒸さない分、鰻が甘くなることを見越して計算されたであろう辛めのタレがご飯と鰻のうまさをグンと牽引し、箸が止まらなくなってしまう。パンチのある味わいは、鰻好きにこそおすすめしたい通な店。

脂が滴るたびに煙がのぼり、鼻をくすぐる香りに思わずゴクリ

おすすめメニュー

- 特重　3900円
- 上うな重　3400円
- 鰻茶漬け　3600円
- 焼酎　600円
- 日本酒　700円～
- ビール　700円

【予算の目安】一人あたり　ランチ3000円～／ディナー5000円～
【座席】カウンター8席　座敷15席、2F15席
【喫煙】一部喫煙可　【カード利用】不可
【予約】ある方がベター
【アクセス】東名・浜松ＩＣより車で15分

HP http://www.kawamasu.net/

「上うな重」。リピート率が高く、毎週のように訪れるファンもいるとか。男性的でガッツリとした味わいに虜になってしまう

1「鰻茶漬け」3,600円。少量ずつまめに炊くからこそできる、一粒一粒がおいしいお米にも注目 2内装。壁に飾られた言葉「来る人も又来る人も福之神」になるほどなと気持ちが明るくなる 3鰻茶漬けの真骨頂、昆布でとった優しい味わいの出汁が体中に染み渡る 4お楽しみの肝吸いは、肝の独特の苦みにお酒を持つ手がとまらない

掛川市

花峰庵
高《たか》山《やま》

掛川市細谷415 ☎0537・26・3550
昼11時半～14時 夜17時～21時 休月曜、第4火曜 P20台

食と芸術は根底でリンク 日本文化の奥深さを知る

天浜線沿い、のどかな場所に佇む奥ゆかしき一軒家。暖簾をくぐれば、木漏れ日が差す坪庭と、趣きある掛け軸や屏風、そして季節を愛でる花たちに優しく迎え入れられ、日々の喧騒を忘れほっとさせてくれる。

人気の胡麻豆腐は吉野の本葛を使い、毎朝練り上げる手作りの品。作るのに手間がかかるが、作りおきすることはせず、その日作ったものだけしか提供しない。ゴマの風味が口の中にふわりと広がる、コクのあるねっとりとした舌触りは他ではなかなかお目にかかれない本物の味。本物にこだわる姿勢は器にも表れており、金沢の陶芸家・大樋長左衛門や、炉開きの季節にはさりげなく織部の器が登場したりと、和文化に造詣の深い人なら思わずニヤリとしてしまうセンスも楽しめる。夜は高いイメージがあるがコースで4000円～(税別)。気軽に足を運んでみたい。

座敷から見える緑がなんとも情緒あって素敵

おすすめメニュー

- 刺身御膳　1800円
- 松華堂弁当　2100円
- 季節のおまかせコース　4000円～(税別)
- 季節限定入荷のお酒

【予算の目安】一人あたり　ランチ1500円～／ディナー4000円
【座席】カウンター5席、テーブル8席　座敷24席、個室1室(2～4名)
【喫煙】一部喫煙可　【カード利用】不可
【予約】ある方がベター
【アクセス】天竜浜名湖線・いこいの広場駅より徒歩1分

HPなし

盛り付けも美しい、本葛から作る「胡麻豆腐」。ここに来たらぜひ食べておきたい逸品

1「ぜんざい」は流儀により料理ともお菓子とも分類されるので、黒文字箸と杉木地で両方を表現。器は永楽和善　2「掛川産いちぢくの胡麻酢掛け」いちじくの柔らかい触感を胡麻酢がやさしく包み込む、まろやかなデザート　3座敷には様々な掛け軸や額が飾られている。ご主人自ら挿す花と趣きある花器にも注目　4「紋甲イカと鮪と伊良湖のまだかのお造り」。マグロはとても脂が乗っていて口の中でとろける

浜松市中区

和風ダイニング
さくら

浜松市中区元城町222-2 ☎053-458-5101
〒17時～23時半 休日曜 Pなし

熊本産の新鮮な馬肉と旬の鮮魚が自慢の一軒

浜松市でいち早く、さくら肉（馬肉）が味わえる店として名を知らしめた一軒。熊本産の新鮮なさくら肉は、低脂肪＆低カロリーなうえに、ビタミンや鉄分をたっぷり含んでいるとあって女性に好評。鮮度が良いから、バラ、モモ、タテガミ、肋の間の肉・ヒモサシ、腹表面の肉・フタゴエと様々な部位が味わえる「刺身盛り合わせ」2800円～や、運が良ければ「レバ刺し」1500円にも出合える。クセや臭みがなく、柔らかな肉質なのですき焼きやしゃぶしゃぶといった鍋メニューも美味。馬肉満載のコース（3800円～）もあるので、馬肉初体験の人も気軽に味わって。

最近は、店主が市場で吟味した旬魚も人気メニューとして定着。6～7種類ほどの魚介が入った「お刺身盛り合わせ」のほか、「本かわはぎ」2500円や「どーまん蟹」6000円といった地元ならではの素材も味わえる。遠方から大切な人をもてなす際に、ぜひ利用したい一軒だ。

1

2

おすすめメニュー

・馬タンの炭火焼き　1800円
・桜肉のヒレステーキ　1800円
・桜肉のコロッケ　900円
・獺祭（ダッサイ）日本酒
一合2160円
・水尾（ミズオ）日本酒
一合800円～
・鳥飼（トリカイ）米焼酎
一合1000円

【予算の目安】一人あたり　ディナー5000円～
【座席】カウンター8席、テーブル6席
座敷20席、個室1（11～20名）
【喫煙】全席喫煙可　【カード利用】可
【予約】ある方がベター
【アクセス】JR浜松駅より徒歩で約15分

HPなし

「馬刺八種盛り」2,800円の馬肉は注文が入ってからスライスするので鮮度が抜群。脂のとろけるような食感を楽しめる「タテガミ」など希少な部位を堪能して

4

3

5

1ゆったりくつろげる和室も完備。襖を閉めて個室としても利用できる　2しっかり温度管理された日本酒の中には希少な一本も。料理との相性を考えながら選ぶのも楽しい　3刺身にはない香ばしさとジューシー感が魅力の「馬肉の陶板焼き」2,100円　4「お刺身盛り合わせ」2,000円〜。店主が市場へと足を運んで仕入れた鮮魚の盛り合わせは、赤身、白身、貝類など多彩。冬は生ガキが登場することもある　5親方の仕事ぶりを眺めながら料理と酒を満喫できるカウンター席

和の名店 中部編 Vol.2

ちょっと遠くても、どうしても行っておきたい店をご紹介。休日、小旅行気分で訪れてみては。

和楽 たすく わしょく たすく

料理が大好き! ピュアな気持ちから生まれる魔法

DATA
藤枝市青木3-15-2 第2松浦ビル104
☎054-641-0071
11:30〜14:00(LO13:30)、18:00〜23:00
休水曜　Pあり　HPなし

きせつのおりょうり つじむら 季節のお料理 辻むら

DATA
静岡市駿河区津島町13-5　☎054-286-6122
11:30〜14:00、17:30〜22:00
休月曜(祝日営業)　P8台　HPなし

円熟味に磨きがかかった 日本料理の最前線と伝統

銘酒とともに楽しみたい店

料理と酒の相思相愛によって生まれるさらなるおいしさ。
大人だからこその味わい方を提供する4軒をご紹介。

見立てに委ねて導かれる、美酒と美食のマリアージュ

日本料理 三須《みす》

「柿の成分で悪酔いしないように」という心配りが添えられた「柿の白和え」。女将さんの見立ては山形県の「くどき上手」を冷やで

京懐石で培った揺るぎない基軸を持ち、さらに変化と進化を目指すべく、地元浜松の食材を存分に生かそうと取り組む店主・三須透雄さん。奇をてらわず、華美でなく、しかしありきたりでない三須流には同じ料理界のファンも少なくない。

そして知る人ぞ知る酒通でもある。三須さんが調理に専念する間、水先案内人を務めるのは女将さんだ。お酒と造り手への深い愛情と尊敬の念があふれる様子には、聞く者の心まで温める力がある。蔵元や酒屋にも時間の許す限り夫婦で足を運んでいるという。「短かん渡り船」「山田錦」といっ

季節を物語る大きな活け込みと映る陰影がドラマチックな掘りこみ式のカウンター席

おすすめの酒

- 正雪 本醸造　800円
- 国香 純米　800円
- 磯自慢 大吟醸　1200円

1

1 笹蟹、ゆり根の吹き寄せ、燻製の柿卵など、丁寧な細工が集う「前菜」。お酒は大吟醸の中でもすっきりした「磯自慢　水響華」をセレクト　2 冬食材に西京味噌を合わせて詰めた「柚子釜の田楽」は、山廃純米酒「旦(だん)」をちびちびやりながらつつきたい　3 香ばしい「海老芋のけしの実揚げ」には、特別純米酒「國香」を。熱燗でも冷やでもいける　4 カウンターと格子で仕切られた座敷も椅子席でくつろげる

2

4

3

※ 料理は全て「おまかせコース」6,000円より

〈おすすめ料理〉
おまかせコース
6,000円、8,000円、10,000円

た酒米の系譜から、旨みのファーストインプレッション、味や香りの変化、料理との相性や飲み順など、好みや経験に応じた見立てはまさに極上のもてなしと言えるだろう。おまかせで何種類かをグラスで少しずつ楽しむのも一興だ。

浜松市中区曳馬4-20-28
☎053-465-6289
営18時～22時(昼は予約のみ対応)
休不定休　P7台

【予算の目安】一人あたり ランチ5000円～／ディナー6000円～
【座席】カウンター8席、テーブル12席
【喫煙】全席禁煙　【カード利用】不可
【予約】ランチは6名より完全予約制
【アクセス】遠州鉄道・曳馬駅より徒歩5分

HP http://www.wr-salt.com/misu/

銘酒 とともに楽しみたい店

1

2

3

マグロの赤身、〆サバ、カマスの炙り、黒ダイ、甘ダイの昆布〆など「お刺身盛り合わせ」軽めの二人前2,500円

路地奥の隠れ家で一献を傾ける至福の時

お酒肴菜 つちや

繁華街から少し離れた静かな路地の奥、趣きのある戸口の灯りに「つちや」の文字が浮かぶ。おいしいもの好きが集う隠れ家といった風情だ。暖簾をくぐれば、間髪容れず明るい声が歓迎してくれる。

2013年12月に開店したカウンター小料理屋は、日本料理に携わって20年近くになる土屋心さんが腕を振るう。1階はカウンターのみ8席という規模だが、こじんまりした空間と板場との近さがなんとも居心地いい。魚は活魚にこだわり、季節によりフグ、スッポン、ハモなどを扱うことも。肉も自在に扱い、牛や鴨もメニューに並ぶ。和食の技法を生かしながら、当たり前に

店主の土屋心さんと女将の直子さんとの息の合ったやりとりも、温かな店のムードとなっている

おすすめの酒

・全国の地酒15種類　７００円～
・甲州ワイン　７５０円～
・焼酎各種　５５０円～

2階にはさらに隠れ家的な個室が設けられ、靴を脱いで椅子席でゆっくり過ごすことができる

〈おすすめ料理〉

お刺身二人前　3,000円ぐらい～
おまかせコース（予約制）　5,000円～
※仕入れにより品書きは毎日変わる

1「地野菜の和風バーニャカウダ」1,200円。ソースは西京味噌やカニ味噌で和風にアレンジ。勝沼の白ワイン&スパークリングワインがマッチ　2 11月に解禁となる雌の越前ガニ「せいこ蟹」1,000円。甲羅に盛られた外子、内子、濃厚なミソを混ぜて、つけダレで味わう冬のご馳走　3福田港で水揚げされた「甘鯛の松笠焼き」3,000円。ふっくらした身と高温の油でパリッと仕上がったウロコが香ばしい　4地元の海老芋、蓮根、椎茸、茄子などを、出汁とすり下ろしたカブで揚げ浸しにした「季節野菜の揚げ出し」750円前後　5全国にその名を轟かす有名銘柄から新進気鋭のブランドまで、どんな酒が繰り出されるか大いに期待したい

5

4

とどまらない「つちや」流で、イタリアンやフレンチも和的に楽しませてくれる。また、稀少な和酒と出合える点も大人の秘密基地にふさわしい。レアな銘柄が目白押しで、メニュー以外の隠し玉もあるとか。「今日は何がある？」と気軽に声を掛けてみるのがいいだろう。

浜松市中区元魚町32
☎053・458・0887
⌚18時～24時（都合により早く閉店する場合もあり）
休日曜　Pなし
【予算の目安】一人あたり　ディナー6000円前後
【座席】カウンター8席　個室1（6～12名・要予約）
【喫煙】全席喫煙可　【カード利用】可
【予約】要予約
【アクセス】JR浜松駅より徒歩10分

HP https://www.facebook.com/osakana.tsuchiya

和酒の魅力を利き酒師が伝授・蔵元を囲む会も定期開催

和酒専門 晴《はれ》々《ばれ》

1

2

「京風ぶり大根」850円は、八方出汁の旨みが上品な味わい。合わせた純米吟醸酒は華やかな香りとしっかりした旨みが特徴の「而今」

奥深い楽しみを予感させてくれる和酒専門店が登場して2年。口コミでリピーターを増やしている。和酒とは国産酒のことで、日本酒、焼酎、ウイスキー、ワイン、リキュール、地ビールなど、酒類は幅広い。常時40種類を揃えるほか、メニューに載らない銘柄もあるという。

オーナーの杉原勇樹さんは「日本酒学講師」という資格を持つ利き酒師であり、有名銘柄のみならず、「無名でも安くておいしいお酒がたくさんあることをもっと知っていただきたい」と意欲的だ。例えば月1回、各地から蔵元を招いて開催する地酒の会は、お酒に詳しくない人にも好評とか。料理との相

おすすめの酒

・而今 純米吟醸 八反錦 750円
・作 波瀬正吉 平成13年製造 1000円
・磯自慢 本醸造 480円

6〜8名掛けの個室はゆったり使えて接待に重宝される。予約優先のため予定が分かったら早めにキープを

3

1この日の「お刺身盛合せ」は、ブリ、鰹、赤鱒、金目鯛、黒鯛、紋甲イカで1,500円と良心価格。大吟醸「作」の熟成感は脂がのった冬の魚に合う 2来店したら一度は杉原さんにその日のお薦め酒を尋ねてみるといい。思わぬ銘酒との出合いや意外な味の発見があるかもしれない 3上質なアームチェアとスタッフとの軽妙なやりとりが居心地よく、カウンター席から埋まっていくという 4蓋を開けると振り柚子が香る「竜洋産海老芋の唐揚げ 蟹あんかけ」800円。秋冬の定番として熱々を頬張って 5店の看板メニュー「自家製ポテトサラダ」650円は植木鉢仕立ての遊び心が好評。自家製ベーコンとローストオニオンがいいアクセントに

5

4

〈おすすめ料理〉
食べる土のバーニャカウダ 950円
磯自慢大吟醸の酒粕のブリュレ 450円
ふわふわメレンゲの舞阪産釜揚げしらす卵かけご飯 650円

性も大切にし、季節を知らせる一皿をさらに引き立てる和酒もコーディネート。「お酒を飲めない方が『飲めるようになった！』と言ってくださることも結構あるんですよ」と、和酒の真の魅力に出合う場を創出している。

浜松市中区田町325-1
渥美薬局ビル2F南
☎053-454-2772
17時半〜翌1時 休なし Pなし
【予算の目安】一人あたり ディナー5000円〜
【座席】カウンター6席、テーブル20席 個室1（6〜8名）
【喫煙】全席喫煙可 【カード利用】可
【予約】ある方がベター
【アクセス】JR浜松駅より徒歩8分

HP http://harebare.hamazo.tv/

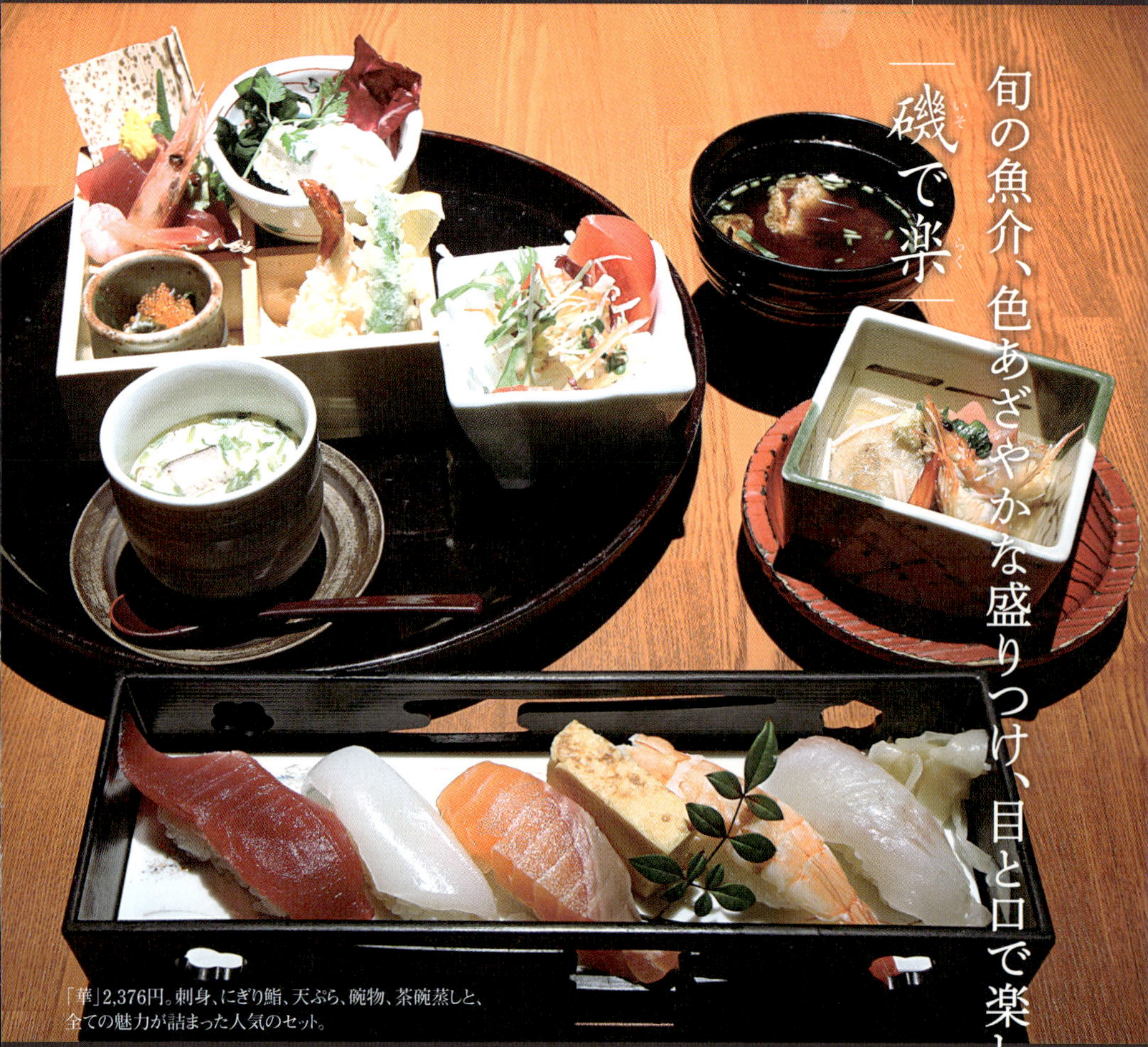

「華」2,376円。刺身、にぎり鮨、天ぷら、椀物、茶碗蒸しと、全ての魅力が詰まった人気のセット。

磯《いそ》で楽《らく》

旬の魚介、色あざやかな盛りつけ、目と口で楽しむ和食

家族揃って気軽に行けるすし屋というコンセプト。その日の朝に仕入れた、地元舞阪漁港をはじめ、御前崎や駿河湾といった地元近海で水揚げされた旬の魚介類がカウンターに誇らしげに並ぶ。「本日のおすすめ」が、その日によって変わるのもそのため。辛味噌やポン酢なども手作りするこだわりよう。腕を振るうのは、京都の京料理店で8年修業したという料理長。浜松にいながら出汁をしっかりと利かせた上品な料理が味わえる。

母体が酒屋ということもあって地酒、焼酎、麦、梅酒、ウイスキー、ワイン、サワーなど、お酒の種類は豊富。幻の酒といわれる「空」「吟」のほか、静岡県内の地酒を中

「活鮮入り磯盛り合わせ」2,700円。写真は6点盛り。水槽で泳ぐ鮮魚をオーダーを受けてからさばいた活鮮入り（写真はアジ）は見た目の迫力も満点。「刺身盛り合わせ3点」1,490円、「5点」は1,814円で、写真のような舟盛りで登場する

おすすめの酒

- 親方の隠し酒（グラス）　648円
- おんな泣かせ（720mlボトル）　4298円
- ひめぜん（300mlボトル）　1058円
- すず音（ボトル）　1814円
- 京の完熟にごり梅酒　626円
- 赤霧島　648円

1 店に入って目の前の棚には、お薦めのお酒がずらり。愛知県の「関谷醸造」の純米大吟醸「空」と「吟」は限定品　2 テーブル席は60席もある。国道152号線に面した窓際席は日中は陽が差して明るい　3 山中利泰料理長。その日に仕入れた魚介類を直接目にすることができるカウンター席もお薦め

〈おすすめ料理〉
旬香膳（一日限定15食ランチ）　1,706円
にぎり鮨一人前　1,296円
魚介の煮付け・から揚げ・塩焼き　時価
イカとアサリの自家製辛味噌陶板焼き　734円

心に定番が10～15種。いいお酒はその都度入ってくるので、「おもしろいお酒ある？」と、お酒を目当てに来る常連も多い。

浜松市東区西ヶ崎町1475-1
☎053-434-7003
時 昼11時半～15時（LO14時）夜17時～23時（LO22時）金・土～24時（LO23時）　休なし　P36台
【予算の目安】一人あたり　ランチ1001円～／ディナー1706円～
【座席】カウンター8席、テーブル60席　座数26席、半個室（4～26名）
【喫煙】全席喫煙可（ランチ時は禁煙）
【カード利用】可　【予約】ある方がベター
【アクセス】遠州鉄道・積志駅より徒歩8分

HP http://www.o-ba.jp/

和の名店 中部編 Vol.3

ちょっと遠くても、どうしても行っておきたい店をご紹介。休日、小旅行気分で訪れてみては。

天ぷら すぎ村 てんぷら すぎむら

この店のためだけに旅をする価値がある

DATA
静岡市葵区追手町1-21 オーテシティビル B1 ☎054-273-8900
🕒11:30～13:30(入店13:00まで)、17:30～21:00(入店は20:00まで)
休水曜、木曜のランチ Pなし HPhttp://www.tempura-sugimura.com/

かっぽう うなさか 割烹 海さか

DATA
静岡市葵区昭和町3-1 昭和町ビル1F ☎054-250-2685
🕒11:30～13:30、17:00～22:00 休日曜、祝日 Pなし
HPhttp://www.unasaka.jp/

食材と対話する希代の料理人

今、注目のそば うどん

安定したおいしさを誇るそば屋、じわじわと人気が高まりつつあるうどん屋、麺食いにはたまらない12軒をご紹介します。

浅草仕込みの本格蕎麦、美しさとクオリティに脱帽

蕎菜 まさ吉《きち》

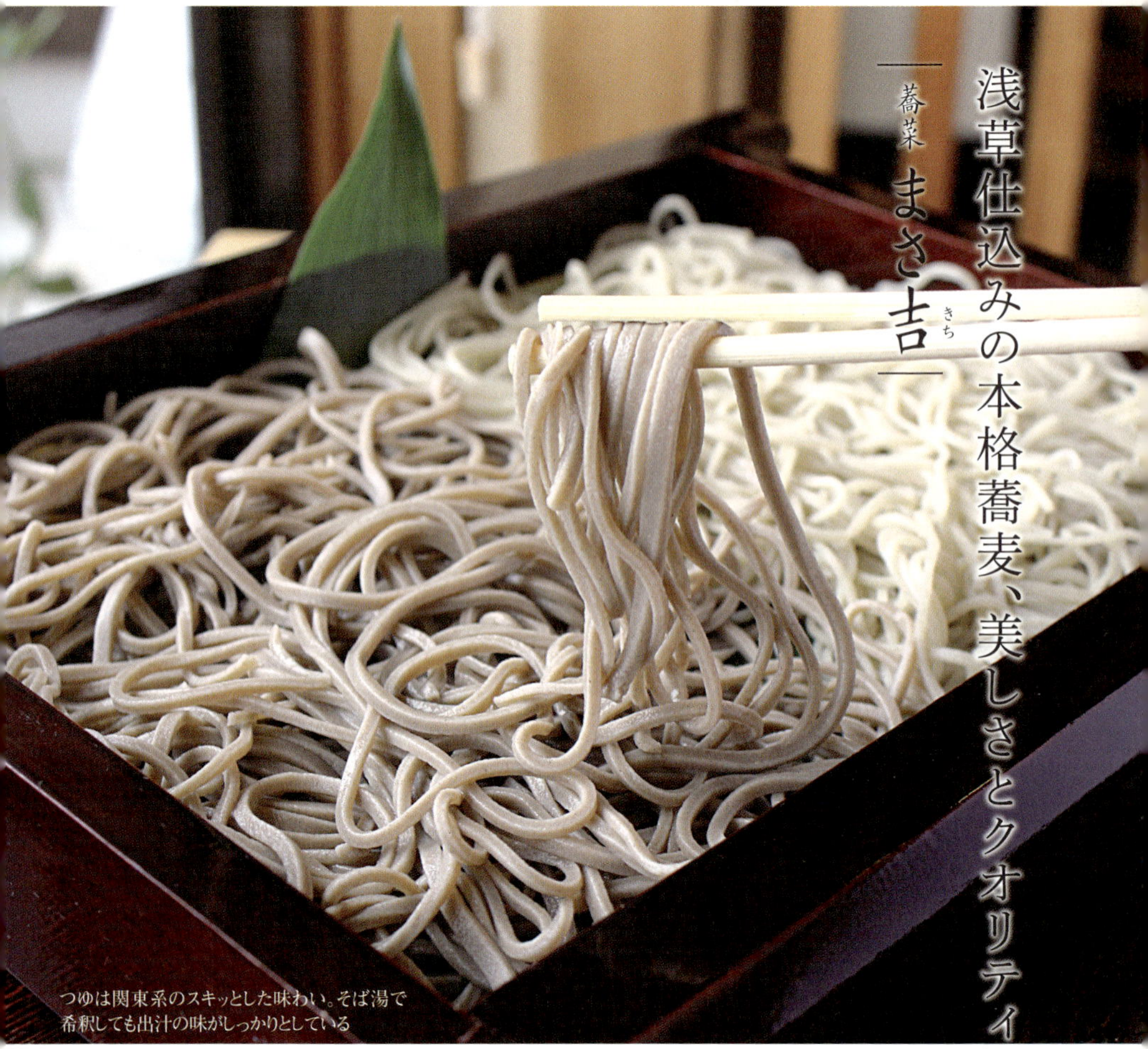

つゆは関東系のスキッとした味わい。そば湯で希釈しても出汁の味がしっかりとしている

おいしい蕎麦を求めて県外からも人が訪れるまさ吉。名店ゆえ魅力は数あるが、あえて一言で表すならば「バラエティの豊かさ」これに尽きる。たとえば「せいろ」。細く、長く、美しく、一本一本がきらめいているかのような透明感。強いコシとツルリとした喉越しで、その完成度の高さに思わずうなる逸品だ。より蕎麦の風味を楽しむなら「十割そば」。平日限定先着10食と狭き門だが、香り高くピュアな味は一度食べたら忘れられない。そして通に愛される豊かな旨みの「田舎そば」と、皮ごと実を挽く「黒粉そば」。

そんな味も個性も違う蕎麦を、毎朝一人で手打ちするのは主

「鴨南蛮そば」1,500円。鴨の脂でネギを炒めているので旨みと香ばしさがすごい。柚子の爽やかな香りもアクセント

1

2

4

3

1「えび天とろろそば」1,500円。本わさびを使用。蕎麦への愛着を感じる　2桜えびのかき揚げ。衣は少なく、サックリ揚げている。三つ葉の香りが上品で、あっさりとした味わい　3「そばぜんざい」。餅と白玉の中間のようなもっちりした食感が特長。新食感を楽しんで　4明るく清潔感あふれる店内。混むので早めに出掛けるのがおすすめ。テーブルの上には庭で摘んだ季節の花が挿してあり心がなごむ

〈おすすめ料理〉
桜海老かき揚げそば　1,500円
天せいろ　1,500円
鴨せいろ　1,500円

〈おすすめの酒〉
開運　特別本醸造　900円

人の鈴木潔さん。「種類を打つのは大変ですが、喜んでもらえるのがうれしい」。食べ比べしても良し、好みの違う友人と来ても良し。一度でなく何度訪れても楽しみがある店だ。

掛川市北門213
☎0537·21·3530
営 昼11時半～LO14時 夜17時～LO20時
休 水曜（祝日の場合は昼のみ営業）　P 10台

【予算の目安】一人あたり　ランチ1500円～／ディナー1500円～
【座席】テーブル20席、座敷16席
【喫煙】全席禁煙　【カード利用】不可
【予約】土日祝のお昼は予約不可
【アクセス】東名掛川ICより車で8分

HP http://www.

一番人気の「手挽きたべくらべ」1,200円。この日のせいろ（右）は福井県大野産、田舎二八（左）は店の定番・茨城県の常陸秋そばを使用

1

自家挽き粉を丁寧に手打ち・山里へ誘う蕎麦の香り

蕎麦屋 おおもり

蕎麦をたぐる手を進めるごとに、信州の山里にでもいるような心地になってゆく。そんなちょっとした異次元スポット、非日常の贅沢がここにある。住宅街に入った一画で決して分かりやすい場所ではないが、もう14年、蕎麦好きを惹きつけてやまない。その引力はどこまでも丁寧な仕事にある。

蕎麦粉は全て工房で自家挽き。玄蕎麦で仕入れ、色、香り、味を損なわないよう行う。田舎二八には茨城県の「常陸秋そば」を用い、十割には北海道の「牡丹そば」、せいろには福井をはじめ各地から季節ごとに吟味する。また、山芋は信州松本の山形村まで出向き、甘

10〜4月限定の「あったかとろろ」1,200円。純朴な優しい姿の通りの味わいに癒やされる

1海老、カボチャ、インゲン、シメジ、ナス、ニンジンなどの盛り合わせ「天ぷら」900円。担当する奥さんの名人技でほっこり、あっさり　2店主・大森正人さんと奥さんの三枝子さん。仲の良さが伝わってくる　3北海道産の蕎麦を粗挽きにして、粉の良さを引き出すよう短時間で一気に練り上げた「そばがき」1,000円。ワサビは甘みもある梅ヶ島産　4「海老天おろし」1,700円。海老天3本の山盛りにハマッてしまう人多数　5無垢の木のあらわし天井はいかにも山の風情。木の香りに包まれて、しばし日常を忘れる

〈おすすめ料理〉
手挽き十割そば　1,400円（土日限定）
手挽き三種もり　2,400円（土日限定）
田舎二八そば　1,200円

〈おすすめの酒〉
ビール（中）　550円
冷酒1合　600円

みと程よい粘りけのある香り豊かなものを仕入れてくるという。かけ汁、つけ汁の出汁は、鰹、昆布、椎茸のバランスを取りながら、鰹が前に出過ぎないよう心を配る。季節限定の品も来店時の楽しみだ。土日は早めの来店をすすめたい。

浜松市中区中島1・31・1
☎053・463・2879
⌚11時半〜14時　休月・火曜、第1土・日曜
（不定休はホームページで要確認）　P8台

【予算の目安】
一人あたり　ランチ1200〜2100円
【座席】カウンター3席、座敷10席
【喫煙】全席禁煙　【カード利用】不可
【予約】不要
【アクセス】東名高速・浜松ICより車で15分
【備考】夜のみ完全予約制

HP http://sobaya-omori.com

二八そばのせいろに天ぷらの盛り合わせの黄金コンビ「天せいろ」1,500円。
天ぷらは海老2尾、椎茸、ナス、シシトウなど

蕎麦の道で40年余。名店で修得した手打ちを守る

手打ちそば　北《きた》山《やま》

店主の大庭英和さんは10代の頃から「浜松一茶庵」で修業を重ね、関東の「一茶庵」でも腕を磨いてきた。そして10年を超える修業の後、磐田に「北山」を構え、もうすぐ30年になる。

製法は修業先と同様、もちろん手打ち。蕎麦粉は北海道産を中心に、新蕎麦の時期には9月の北海道産を皮切りに、茨城、栃木、福井、青森など各地から取り寄せ、仕込みの水にはアルカリイオン水を用いていている。二八蕎麦は少々細めで喉ごしの良さが信条だ。もり汁には枕崎産の本節を丸ごと一本使い、かけ汁は昆布や雑節などで甘みを出す。蕎麦の種類は

1民芸調の可愛い小物がディスプレイされたカウンターは一人客も気兼ねなく過ごせる　2「田舎そば」830円は、黒めの太打ち麺。しっかりとした食感と味の深みを楽しんで　3 3～10月限定の「三色そば」1,300円。更科粉に柚子（手前）、抹茶、ケシの実（奥）を練り込んだ特製麺。ケシの実は少し麺が太め　4「辛味大根せいろそば」1,100円。長野県下條村で採れる辛味大根（夏は別産地もあり）を気前よく山盛りで。パンチの効いた辛味が旨い　5そばの素材や製法にこだわりを持ちながらも、力むことなく自然体で取り組む店主・大庭英和さん　6足を伸ばしてくつろげる座敷は子連れにも好評

〈おすすめ料理〉

せいろ　720円
さらしな　880円
ごまつゆそば　1,080円

〈おすすめの酒〉

菊正宗 特選、菊正宗 樽
国香、開運
そば焼酎…峠、十割　680～750円

多く、「季節ごとに変化を味わっていただきたい」と、「柚子そば」「にしんそば」なども登場する。お酒と一緒にという人にはお薦めの飲み方として、蕎麦焼酎の蕎麦湯割りがコクが出ていいと、蕎麦屋ならではの楽しみ方を教えてくれた。

磐田市今之浦4・7・13
☎0538・37・5414
🕘昼11時～14時 夜17時～20時
休日曜　P12台

【予算の目安】
1人あたり　ランチ・ディナー720円
【座席】カウンター5席、テーブル22席、座敷12席
【喫煙】全席禁煙　【カード利用】不可
【予約】平日のみ予約付可
【アクセス】東名・磐田ＩＣより車で5分

HP http://www.soba-kitayama.com

蕎麦も天ぷらも真剣勝負。トータルで味わいたい店

―手打ちそばと天ぷら だいだい―

北海道や福井など、その時期最もおいしい蕎麦を仕入れる。心地よい弾力があり、舌触りもいい

「さつまの一本あげ」800円。あらかじめ到着時間を連絡しておけば逆算して揚げておいてもらえる

菊川の住宅街の一角にある、ランチ時にはすぐに満席になる店。「だいだい」という親しみやすい屋号は、店主・和田大輔さんの「だい」と「代々続きますように」という2つの思いが込められたもの。「手打ち蕎麦と天ぷら」と銘打っているだけに、蕎麦のおいしさはもちろんのこと天ぷらのクオリティの高さに二度おいしい気分にさせてくれる。

なかでも秀いでているのが「さつまの一本あげ」。どうしても時間がかかるため夜だけのメニューになるが、話題のうなぎいもを小一時間じっくりじっくりと丸ごと揚げる天ぷらは、ホクホクを通り過ぎま

1 必食の「自家製そば豆腐」350円。そばの風味を存分に楽しめる 2 その日に仕入れた新鮮な食材を揚げてくれる。美しい仕上がりに良い油を使っていることが分かる 3 掘りごたつになっており、座りやすいため年配の方でも安心 4 ちりめん細工は店主のお母さん作。店内に飾られているので探してみて 5 スキっとした濃い目のつゆが繊細な蕎麦の味を引き立てる

〈おすすめ料理〉
ざるそば　750円
天ぷらそば　1,600円
だいだいコース　3,950円（要予約）

〈おすすめの酒〉
生ビール　600円
日本酒　1合500円～

さにとろけるような濃密な食感。輝く黄金色とねっとりとした舌ざわりは栗きんとん、いやそれ以上だと感じるはずだ。丁寧な仕事ぶりが伝わってくるなめらかな「自家製そば豆腐」も忘れず食しておきたい逸品。ぜひコースで楽しみたい。

菊川市柳1・55
☎0537・36・0908
◯昼11時半～14時 夜17時半～LO20時
休水曜、第1・3火曜　P8台

【予算の目安】一人あたり　ランチ1500円～／ディナー5000円～
【座席】カウンター4席、座敷14席
【喫煙】全席禁煙　【カード利用】不可
【予約】ある方がベター
【アクセス】JR菊川駅より徒歩10分

HPなし

「つけ鴨せいろ」。ミネラル豊富な竹炭水で育てられた「蔵王深山竹炭水鴨」を使用。肉厚で、合鴨本来の深いコクが出る

関東の名店『一茶庵』の味を真摯に守り続ける

手打ちそば 玄《げん》炊《すい》庵《あん》

蕎麦が大好きで全国を食べ歩き、趣味での蕎麦打ち経験も10年以上。老舗の名店『一茶庵』の「つけ鴨せいろそば」に出合い衝撃を受け、同店で修業の後に独立した店主の久嶋巳義さん。「本当にいい蕎麦は、つゆもほとんど必要ないほど香り高く、喉ごしもたまらないんですよ」との思いは、シンプルなメニューとこだわりの国産材料からも伝わってくる。

そば粉の生産量日本一の北海道幌加内産の「キタワセ」の、殻を取り除いた丸抜きを石臼で丁寧に挽いた蕎麦粉を使用。つなぎに使う小麦粉も相性の良い北海道産の小麦粉で、喉ごし、食べやすさを研

1「天盛り」の天ぷらは風味を出すため大豆油とごま油をブレンド。海水養殖され、保存料・添加物は不使用のブラックタイガー　23片側は公園、もう片方は和風庭園と、ゆったりくつろげる環境　4「かけそば」800円。鰹節だけでとった上品なつゆ。つゆはつぎ足しはせず、新鮮さにこだわる　5店主の久嶋巳義さん。素材の良さで勝負するまじめな仕事ぶりに職人魂を見る　6「のりかけせいろそば」900円。細い蕎麦に合う、極細青のりは風味も豊か。蕎麦のもりは、かなりたっぷり

〈おすすめ料理〉
つけ鴨せいろ　1,650円
鴨南蛮　1,650円
天おろしそば　1,250円

〈おすすめの酒〉
一の蔵 超辛口 本醸　580円

究した末に二八に落ち着いた。新蕎麦の時期は8月末だが、数カ月おいて味が落ち着いた頃もお薦めとか。倉庫に雪を入れ雪蔵熟成させた蕎麦の味もなかなかで、時期が進むごとに変わっていく味の妙を楽しめるのも国産ならではだ。

浜松市中区早出町1357-1
☎053-401-8163
昼11時半～14時
休水・木曜　P10台

【予算の目安】一人あたり　800円～
【座席】テーブル20席、座敷12席
【喫煙】全席禁煙　【カード利用】不可
【予約】不要
【アクセス】遠州鉄道・曳馬駅より徒歩10分

HP http://www.gensuian.jp/

「十割蕎麦」770円。北海道、福井県産の実を自家製粉して、手打ち蕎麦を提供。蕎麦粉を溶かし込んだ濃い蕎麦湯も楽しんで

旬を感じる蕎麦と、出汁と素材が自慢の和食を堪能

手打ち蕎麦 一《いち》

蕎麦を食べつつ旬を感じたい。そんな粋な願いが叶う一軒がこの店。寒い時期に恋しくなるのが噛むほどに旨みがあふれ出す柔らかな国産鴨肉と、脂の甘みがとけ込んだ汁に蕎麦に絡む具合が絶妙な「鴨南蛮」や、温かなあんかけに具材たっぷりの「キノコと海老とユリ根のあんかけ蕎麦」１３５０円。暑さが増したら「夏野菜おろし蕎麦」１３５０円、秋を迎える頃には「天然きのこ蕎麦」など季節が移り変わるごとに限定メニューが登場する。これら季節の食材は、十割か田舎が選べる自家製粉の手打ち蕎麦を引き立たせ、伊豆産の天日干し椎茸、枕崎産遠赤外線焙煎の鰹節、北海道ウトロの漁師

1「コース料理」3,240円～。店主の竹内さんが「蕎麦屋の一品料理だから、蕎麦前に固定しないで楽しみたい」と登場した和のコース料理。前菜、旬の素材を使ったメイン料理、〆に蕎麦が登場する　**2**「コース料理」に登場する「山芋そうめん」　**3**市松模様の襖で区切られた個室　**4**「コース料理」に登場する「珍味セット」。内容は日替わりで、この日は蕎麦に使うかえしで味付けしたホタテの貝柱のかえし漬け、イクラの辛味大根おろし、豆腐の味噌漬け、干し柿バター。日本酒との相性も抜群

〈おすすめ料理〉
鴨南蛮　1,500円
出し巻き玉子　500円
蕎麦焼き味噌　600円

〈おすすめの酒〉
獺祭（だっさい）（日本酒）　一合1,000円
蔵の師魂（芋焼酎）　グラス600円
御幣（蕎麦焼酎）　グラス600円

が直送する羅臼昆布で取る出汁と融合して通い続けたくなる味わいに。

店主の竹内一平さんが修業時代に培った和食の腕を生かし、一品料理や自慢の蕎麦でしめるコース料理が楽しめるのも特徴だ。

浜松市中区砂山町333・10
ネットプラスビル1F
☎053・458・2110
営 昼11時半～14時半 夜18時～21時※売切次第終了
休 日曜の夜、月曜（祝日の場合は月曜夜、火曜）
P 5台

【予算の目安】一人あたり ランチ770円～／ディナーコースは3240円～
【座席】テーブル12席、個室2室（2名～）
【喫煙】夜は個室のみ喫煙可　【カード利用】不可
【予約】ある方がベター
【アクセス】JR浜松駅より徒歩5分
【備考】そば会席コースは予約を

HP http://sobaichi.web.fc2.com/

香川の方言で鋤簾(じょれん＝ざる)を意味するざるうどん「じょうれん」中500円。つけ出汁を飲むならお湯を足してくれる

朝練りの手打ち麺のみで勝負。讃岐の魂ここにあり

純手打ち讃岐うどん

きむらや

足袋と雪駄のきりりとした足元に気合いがにじむ店主の木村剛さん。その朝は早い。前日からの麺の作り置きはせず、機械も使わず、朝5時起きでその日の分の麺作りにかかる。朝練りの純手打ちうどんの味を大事にしているのだ。

香川県から取り寄せる粉に、塩は坂出産、水は井戸から汲み上げている。手練りした後に踏んで寝かせてを繰り返し、うどんを鍛える。これに手を抜くと、柔らかくコシのないうどんになってしまう。麺打ち麺切りは営業前にせず、練りたて打ちたて茹でたてにこだわる。一人前ずつ茹でていると時間がかかるのに対し、打ちたての麺は乾燥せず7〜8分で茹で上がる。角が

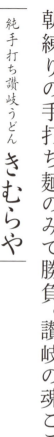

3

1

2

4

1食券を買ってカウンターで提示。各種天ぷらやおにぎりも食券で購入　2出汁ダレをぶっかけた「ぶっかけ」中500円。タレが麺にからむようによく混ぜ、薬味にゴマ、ワサビ、生姜のどれかを添えてかきこむ醍醐味！　3井戸水でしめた麺に熱い出汁をかけた「ひやあつ」中450円。麺を温めていないため、ほど良いコシが楽しめる。ぬるくなる前に召し上がれ　4「一番、麺本来の味が分かる」と店主お薦めの「しょうゆ」中450円。まず出汁入り醤油だけで味わい、次に柚子か生姜を入れて味わって

〈おすすめ料理〉

あつあつ　小300円～

ひやひや　小300円～

湯だめ　小350円～

〈おすすめの酒〉

酒類なし

きりっと立った艶やかな麺の強いコシとつるりとした喉ごしを存分に味わいたい。出汁のいりこは伊吹産で、一般的にサイズの小さいものを使うのに対し大羽(おおば)を使い、臭みを取るため頭とはらわたを除くという念の入れようだ。熱いうどん、冷たいうどん、温度による出汁や麺の違いを食べ比べてもらいたい。

浜松市中区菅原町9・28

☎なし

⌚11時～14時(売り切れ次第、終了)

休水曜　P10台

【予算の目安】一人あたり　ランチ530円～

【座席】カウンター14席

【喫煙】全席禁煙　【カード利用】不可

【予約】不要

【アクセス】JR浜松駅より徒歩15分

HPなし

もっともシンプルな「かけうどん」520円。「冷たい麺に熱いかけ出汁の『ぬる』が麺のコシと出汁の旨さが一番分かります」と小楠さん

つややかなうどんに行列。滑らかさと弾力を堪能

さぬきうどん 野《の》の香《か》

週末ともなれば店前の行列はいつもの風景。とはいえ回転が早いこともあり、メニューを眺めて待つのも旨さへの助走と思える。店主の小楠智彦さんは讃岐うどんと出合い衝撃を受け、香川県のうどん店を食べ歩くこと1年間で500軒。1200食もの食べ比べによって、独自のうどんにたどり着いた。

小楠さんが日々目指すのは、透明感を宿したつややかな仕上がり。地下80mから汲み上げた天然の軟水と、厳選した小麦粉で練り上げ、しっかり寝かせて鍛えてコシを出す。茹でたてを提供するため、15～20分はみておきたい。いりこたっぷりの出汁をまとったうどんは、滑らかでありながら舌を押し

2

1

5

3

6

4

1トマトベースでさっぱり仕立ての「カレーうどん」880円は昼・夕各5食限定。残った汁を白飯にかけて味わうお楽しみもあり　**2**「きつねうどん」840円はさっぱりした甘さで炊いた超大判の油揚げが主役級。熱いきつね、ぬるきつねの2種類（昼・夕各5食限定）　**3**旧豊岡村の特産品であるえび芋をスイーツにした「えび芋のムース」320円。芋のねっとり感と素朴な風味がうどんにマッチ（10食限定）　**4**瀬戸内の魚が練り込まれた讃岐から直送のちくわが味わえる「ちく玉天」。半熟卵と共に季節ごとに変わる野菜もたっぷり　**5**香川から取り寄せた古材を用いて、ご当地の煙草の乾燥小屋にならった店舗には歴史と文化が香る　**6**釜の前では真剣な表情の店主・小楠さんだが、「売り切れにはしませんよ」とお客を思って語る顔はなんとも柔和

〈おすすめ料理〉
天ぷらとうどんのセット3種
（とり天、ちく玉天、えび天）　960円
特製カレーうどん　880円
特製きつねうどん　840円

〈おすすめの酒〉
出世城（熱燗）　500円
波の詩（冷酒）　500円
ビール中瓶　500円

返す弾力に食感の深さを再認識するだろう。天ぷらやセルフサービスのおでんもご当地らしさを再現し、浜松に居ながらにして瀬戸内の食文化を堪能できる店だ。

浜松市浜北区平口2222・1
☎053・545・9997
平日、土曜、祝日(昼)11時～14時半
日曜(昼)11時～14時半(夜)17時～20時
休 水曜、第4木曜　P 24台

【予算の目安】
一人あたり ランチ・ディナー940円～
【座席】カウンター12席、テーブル14席
【喫煙】全席禁煙　【カード利用】不可
【予約】不要
【アクセス】新東名・浜松浜北ICより車で15分
東名・浜松IC、浜松西ICより車で20分

HP http://www.facebook.com/sanukiudonnonoka

佐和のおすすめの天ぷら3種（海老天・鶏天・赤天）全てがのった「ぶっかけスペシャル」918円

本場の有名店で修業。若干細めの滑らか自家製麺

さぬきうどん 佐《さ》和《わ》

２０１３年12月に開業後、あっという間に人気店となった讃岐うどんの店。オーナーの早澤清市さんと息子の慧一郎さんが仲良く店を営む。慧一郎さんは香川県に渡り、職業訓練校のさぬきうどん科で半年間みっちり基礎を学んだ後、坂出市の有名店「山下うどん店」でさらに一年間修業を重ねた。磐田市に帰郷後は、香川県産の食材を徹底的に揃えて自家製麺のさぬきうどんを完成させた。

前日に打って寝かせた生地は、朝にもう一度鍛え直し、少し細めの麺はしっかりしたコシと滑らかさを備える。茹で置きはしないので、茹で上がりまでには15～20分ほどを

1秋から春限定の「おでん」は1本129円。セルフで好きな串を取って、うどんを待ちながら食べよう。「炊き込みごはん」は小216円　2「ちく天・赤天セット」486円。瀬戸内海の小海老を殻ごとミンチにした赤い長天ぷらは香川県観音寺市から取り寄せている　3広い店内には掘りこみ式の座敷とテーブル席がある　4オーナーの早澤清市さん（左）と店長の慧一郎さん（右）　5熱々のうちに卵を混ぜこみ出汁醤油を2～3周まわしかけて頬張る「釜玉うどん」と「えび天セット」918円

〈おすすめ料理〉
ざるうどん天ぷらセット　918円
かけうどん天ぷらセット　864円
醤油うどん天ぷらセット　864円

〈おすすめの酒〉
びんビール中　540円
店長おすすめ冷酒「楯野川」（純米大吟醸）1合648円
焼酎各種　3,000円～

みておこう。出汁は伊吹島産のいりこをはじめ、サバやメジカなども使用。丁寧にアクを取り、澄んだ味に仕上げている。つけ汁とぶっかけ汁は前夜に仕込み、かけ汁は当日の朝仕込む。3種の汁の違いを確かめてみるのもいいだろう。

磐田市下神増1131-1
☎0539・62・9111
⌚昼10時半～14時半 夜16時半～20時（土日のみ）
休火曜、第3水曜　P27台

【予算の目安】
1人あたり　ランチ・ディナー850円～
【座席】カウンター4席、テーブル22席、座敷12席
【喫煙】全席禁煙　【カード利用】不可
【予約】不要
【アクセス】新東名・浜松浜北ICより車で10分

HPなし

熱いうどんに熱い汁でシンプルな讃岐らしさを楽しむ「かけうどん」単品500円、あか天セットは920円

讃岐の挽きたて粉で優しい弾力を生み出す

さぬきうどん 和《なごみ》や

深い軒先に掛かったろうけつ染めの暖簾をくぐると、玄関内の頭上には立派な格天井が巡らされている。昔なら豪商か庄屋といった屋敷の構え。そんな自宅を店として開放しているのが店主の中山和彦さんだ。

店のもてなしは、お茶と一緒に小皿で提供されるいりこから始まる。出汁に用いるのと同じいりこは瀬戸内海の伊吹島産。苦みなどがない香味が鮮度の良さを証明している。自家製麺の粉は、香川県坂出市の木下製粉より挽きたての讃岐うどん専用粉を仕入れ、小麦粉の豊かな香りまで表現しようとしているのだ。出汁に使う鰹節

1 食べ応えも充分の「大えび天おろしうどん」。大ぶりの海老を2本に、焼津のあおさ海苔が香りを添える　2 東海初上陸、元祖あか天の店。「あか天」は、讃岐地方ではえび天または長天ぷらと呼ばれる地元の味。瀬戸内の新鮮な小海老が詰まった観音寺産を取り寄せている　3 畳に椅子席でくつろげる店内は上品なしつらえ　4 食材の吟味に余念がない店主の中山和彦さん

〈おすすめ料理〉

ぶっかけあか天セット　970円
大えび天おろしうどん　1,180円
あか天　250円

〈おすすめの酒〉

ビール中びん　540円
アイスウーロン茶　210円
オレンジジュース　210円

は鹿児島県枕崎産、昆布は北海道利尻産と選りすぐり。朝切りの麺は10分ほどで茹で上がり、柔らかく優しい弾力ともちもち感が信条だ。個性的なサイドメニューやご飯ものの開発にも熱心なため、何度でも足を運びたくなるだろう。

掛川市仁藤41-2（駐車場から西へ2軒め）
☎0537・24・5161
11時～LO14時
休 火曜、第2水曜　P 14台

【予算の目安】一人あたり　500円～
【座席】テーブル26席
【喫煙】全席禁煙　【カード利用】不可
【予約】不要
【アクセス】東名・掛川ICより車で8分

HP http://sanukinagomiya.hamazo.tv/

柔らか「絹腰」の新食感。斬新なうどんメニューが続々

絹腰うどん 五《い》十《そ》八《はち》

1冬は熱々、夏は冷やしで絹腰独特のコシをストレートに味わえる「釜揚げうどん 天ぷらセット」1,030円（うどん単品は480円） 2新メニューで驚かせるのが大好きな店主・鈴木譲治さん 3「鴨ねぎカレーうどん」780円は、和風出汁をベースに澄んだ色のカレースープが爽やか。スモークした鴨もボリューミーだ。夏は冷やしもあり 4二俣のヤマチョー豆腐の分厚いアブラアゲを特製のたまり醤油で焼き上げた「焼キツネ」120円と、隠しメニュー「とり天」240円 5木の温かみを生かしたインテリアが落ち着く店内。水はセルフサービスでどうぞ

2013年7月の開店以来、斬新なうどんメニューを次々と出しているうどん店のニューウェーブ。その要となるのは、店主が打つ自家製うどんだ。生地の寝かし時間や鍛え方は独自で研究し、オリジナルの麺に「絹腰うどん」と名付けた。箸で掴めばフワッと柔らかく、滑らかな舌ざわりはなるほど「絹」。それでいて、しっかりとしたコシと歯応えを味わえる。

この独特の食感を生かしたメニューの中でも、人気ナンバーワンは「絹腰カルボナーラ」。滑らかで弾力のある麺に濃厚なクリームと、特別に仕入れる「渡辺ベーコン」を絡めた「カルボナーラ」は、パスタよ

パスタ!? と声を上げてしまう「絹腰カルボナーラ」1,030円。半熟卵、チーズ、生クリームがとろりと柔らかうどんに絡まってクセになりそう

5

4

〈おすすめ料理〉
五十八うどん　780円
アラビアータ　1,030円
たぬきごはん　150円

〈おすすめの酒〉
純米大吟醸 梵GOLD　1合750円
ヨナヨナエールビール　450円
御湖鶴 純米吟醸　650円

り美味と評する人も多いとか。絹腰うどんの「坦々麺」や「アラビアータ」など、バラエティに富んでいて目移りしてしまうはず。

浜松市中区葵西3・16・78
☎053・439・9170
🕐昼11時半～14時
夜17時半～21時（LO20時半）
休木曜、第2・4火曜　P5台
【予算の目安】一人あたり ランチ800円／ディナー1000円～
【座席】カウンター5席、テーブル8席
【喫煙】全席禁煙
【カード利用】不可（電子マネー可）
【予約】ある方がベター
【アクセス】東名高速・浜松西ICより車で7分

HP http://www.facebook.com/isohachi

「かけうどん（温）」470円と「半熟玉子天とちく天」380円。
天ぷらは「えび天セット」「とり天セット」共に380円もあり

富《とみ》泉《せん》

讃岐の素材と独自の出汁で、うどん&天ぷらの王道が人気

湖西市で4年目になるという讃岐うどん店「富泉」は、地元の日常食としても暮らしに溶けこんでいる存在。店主・山本定美さんは香川県から食材を取り寄せ、讃岐うどんをこの地に伝える。麺生地は前夜打って20時間寝かせて熟成。つゆは瀬戸内のいりこ、宗太鰹、鰺、鯖、鰹の5種類をオリジナルの配合で合わせた白出汁が軸になる。魚のクセが出ないように火加減に注意しながらすっきりとした白出汁に仕上げるのがポイントだ。うどんが茹で上がるまでは約12分。つるつるもちもちの食感を楽しませてくれる。

この店ではうどんと天ぷらの組

1野菜数種にキノコ、そして海老が2本も盛られた「讃岐冷天おろし（冷）」870円。ぶっかけ出汁にレモンを絞ってさっぱりといただける　**2**スパイスを利かせたカレーベースにいりこの白出汁をブレンドした「カレーうどん（温）」小ライス付き880円。1日限定5食　**3**富泉独自の麺の魅力をダイレクトに味わうなら「ざるうどん（冷）」600円。「讃岐らしい甘めのつけ汁でどうぞ」と山本さん　**4**奥さんと二人三脚で店を切り盛りする山本定美さん　**5**駅前ながら広々とした店内に席数は21席と充分。予約も受け付けている

〈おすすめ料理〉
釜玉うどん（温）　600円
肉ぶっかけ（温・冷）　700円
とろ玉ぶっかけ（冷）　700円（5～10月限定）

〈おすすめの酒〉
ビール　520円
冷酒　720円

み合わせが定着しており、香川県観音寺市から仕入れる旨みが濃いちくわを半熟玉子や舞茸などと組み合わせた「ちく天セット」は380円とお得。三河産の「穴子の天ぷら」400円も人気で、天ぷらは持ち帰りもできる。

湖西市鷲津5168
☎053・575・0620
営 昼11時半～14時 夜18時～19時半
休 木曜、第3水曜、月曜の夜　P7台

【予算の目安】
1人あたり　ランチ・ディナー850円～
【座席】カウンター5席、テーブル16席
【喫煙】全席禁煙　【カード利用】不可
【予約】不要（予約は可能）
【アクセス】JR鷲津駅より徒歩3分

HPなし

和の名店 東部編

ちょっと遠くても、どうしても行っておきたい店をご紹介。休日、小旅行気分で訪れてみては。

GALLERY SALON 羅漢　ギャラリー サロン らかん

中伊豆の里山が織りなす感動のもてなし

DATA
伊豆市地蔵堂299-2
☎0558-83-0529　営予約時に応相談
休不定休　P10台　HPなし

そら とげつそうきんりゅう 宙 SORA 渡月荘金龍

DATA
伊豆市修善寺3455　☎0558-72-0601
営11:30〜14:30（チェックイン12:00まで）、宿泊15:00〜10:00
休不定休　P40台　HPhttp://www.kinryu.net

修善寺のパワースポットで美食と名湯に癒される

美食倶楽部 蓮　びしょくくらぶ れん

沼津文化を受け継ぐ場所で
唯一無二の食事を楽しむ

DATA
沼津市上土町12 東方ビル2F　☎055-962-7160
🕒12:00～14:00(LO13:30)、17:30～24:00(LO23:00)
休日曜(慶弔時は要予約)　Pなし
HPhttp://www.numazu-ren.jp

しゅんさいゆうぜん たなか　旬彩遊膳 た奈か

DATA
伊豆の国市長岡169-7　☎055-947-4555
🕒11:30～13:30、17:30～22:30　休水曜、第3木曜
P4台、その他　HPhttp://www.washoku-tanaka.com/

名門旅館の女将も通う
伊豆長岡の粋な和食店

※このINDEXページの店名表記では「日本料理」「割烹」など、屋号の頭につく肩書きは検索を容易にするために省略しています。ご了承ください。

50音順
INDEX

※このINDEXページの店名表記では「日本料理」「割烹」など、屋号の頭につく肩書きは検索を容易にするために省略しています。ご了承ください。

エリア別 INDEX

浜松市中区

Staff

編集・制作

（有）マイルスタッフ
TEL:054-248-4202
http://milestaff.co.jp

取材・執筆・撮影

太田尚代　岩科蓮花
溝口裕加　奥田実紀

撮影

御手洗里美

デザイン・DTP

寺島香苗　山本弥生

浜松　和の名店　こだわりの上等な和食

2015年3月25日　第1版・第1刷発行

著　者　ふじのくに倶楽部（ふじのくにくらぶ）
発行者　メイツ出版株式会社
代表者　前田信二
〒102-0093 東京都千代田区平河町一丁目1-8
TEL：03-5276-3050（編集・営業）
03-5276-3052（注文専用）
FAX：03-5276-3105
印　刷　株式会社厚徳社

メイツ出版ホームページアドレス　http://www.mates-publishing.co.jp/
編集長：大羽孝志　企画担当：折居かおる　制作担当：千代 寧